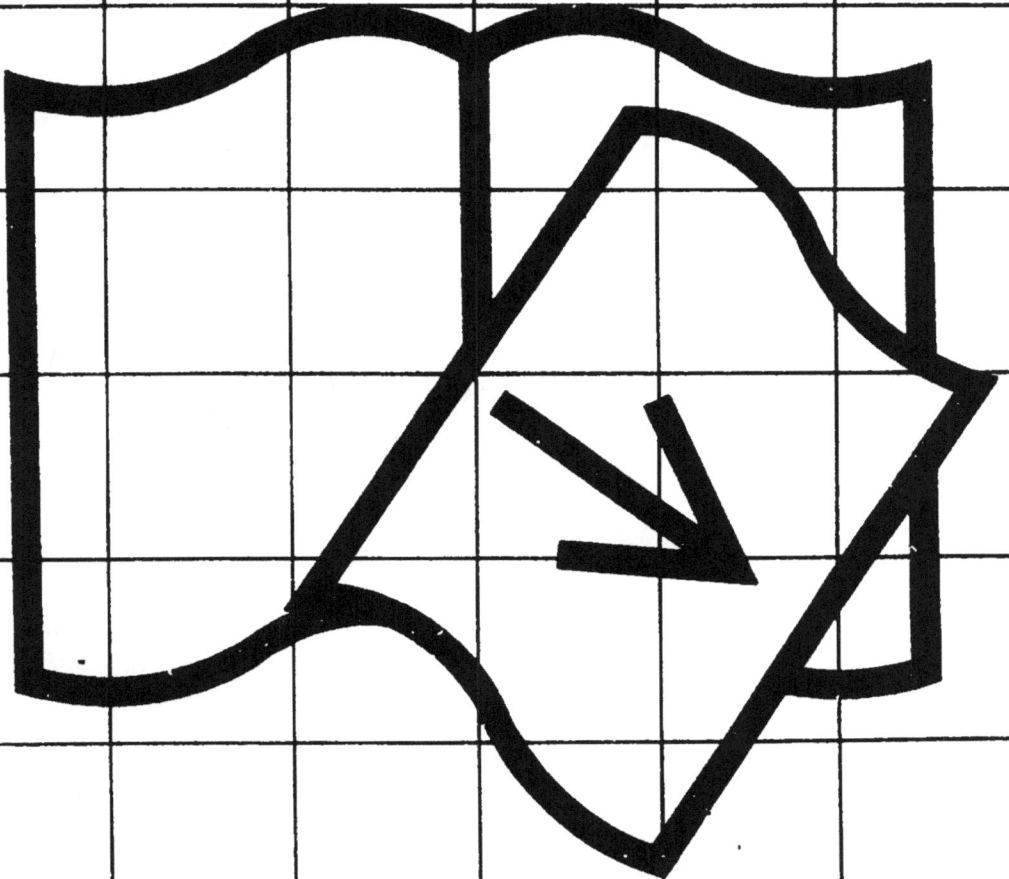

VÉRITÉS ABSOLUES

ALEXANDRE WEILL

VÉRITÉS

ABSOLUES

(ENTIÈREMENT INÉDIT)

> La pierre que les constructeurs ont dédaignée
> deviendra pierre angulaire.
> (*Le Psalmiste*).

1 franc

PARIS

E. DENTU, LIBRAIRE-ÉDITEUR

Palais-Royal, 13, galerie d'Orléans, 13

1877

VÉRITÉS ABSOLUES

PREMIÈRE PARTIE

I

Qui que vous soyez, mortel, quelle que soit la
contrée, la condition, la religion dans laquelle
vous êtes né, deux faits indéniables, deux vérités
irréfragables s'imposent à vous d'une manière
frappante, pour ainsi dire palpable, même si
vous n'êtes point encore arrivé à l'âge d'épanouissement de la raison pleine et entière.

Ces deux faits, ces deux vérités, les voici :

Vous êtes venu au monde sous la forme d'un
être humain, sans avoir été consulté, sans qu'aucun pouvoir vous ait demandé votre consente-

1.

ment. Vous n'avez nulle souvenance d'un être ni d'une force quelconque qui, avant de vous pousser dans la vie, avant de vous faire naître, vous ait adressé une question pour savoir si vous consentiez ou non à faire votre apparition sur cette planète, en qualité d'être humain masculin ou féminin, beau ou laid, grand ou petit, sain ou maladif, français ou allemand, juif ou chrétien, mahométan ou païen. Qui que vous soyez, vous naissez malgré vous, que cela vous agrée ou non, que cela vous plaise ou non.

Vous n'etiez donc pas libre en naissant. Vous n'aviez pas le choix d'opter entre telle ou telle forme. Vous ne pouviez pas refuser d'être ce que vous êtes. Quelle que soit la force qui vous a créé et mis au monde, cette force vous a pétri et formé sans vous consulter, sans s'inquiéter une seconde de votre volonté ni de votre penchant.

Vous êtes dans les mains de cette force absolument comme serait un morceau de bois ou de fer entre les mains d'un charpentier ou d'un forgeron. Le premier, de son bois fera un timon, une table ou une chaise, d'après son bon plaisir; le second, de son fer forgera, soit une clef, soit un marteau, soit une enclume, selon sa volonté et le but qu'il s'est proposé. La différence entre la matière brute et la forme humaine ne commence que du moment de la création achevée, comme nous allons le voir. Nul d'entre vous ne s'inscrira en faux contre la vérité que je viens d'énoncer, savoir : que l'homme en venant au monde n'a pas été consulté, qu'il n'était pas libre d'opposer son veto à sa naissance. Il naît, non pas toujours malgré lui, car il se pourrait qu'il ne s'y fût pas opposé ; mais sa volonté n'entrant pour rien dans l'acte d'être, il est parfaitement indifférent qu'il y eût consenti ou non, car ceux-là même qui n'auraient jamais demandé à vivre hommes, s'ils avaient été consultés, naissent et voient le jour sans le moindre souvenir de volonté, de consultation ou d'option.

L'homme, quelle que soit la matière dont il est pétri, *n'est donc pas libre avant de naître*. Il naît malgré qu'il en ait et quelle que soit la répugnance qu'il puisse avoir pour la vie terrestre et planétaire.

C'est là un fait indéniable, une vérité irréfragable.

Voici maintenant le second fait, la seconde vérité :

Dès que l'être humain arrive à la conscience de son *moi*, lui, qui n'avait pas la liberté de ne pas naître, acquiert *la liberté pleine et entière de ne pas vivre*. Quelle que soit la force qui l'a créé, malgré lui, l'homme créé, qui ne pouvait pas refuser de venir au monde, sous n'importe quelle forme, peut à tout instant refuser d'y rester. *Il a la liberté de mourir*. Cette seule liberté, non-seulement est la mère de toutes les autres libertés, mais encore la seule preuve de la supériorité humaine sur tous les autres êtres créés.

En effet, grâce à cette liberté, l'homme est le maître absolu de ses actions. Grâce à cette liberté, il peut discerner le bien du mal et opter en tous cas pour le bien; grâce encore à cette liberté, l'homme est le roi de l'Univers et de tout ce qui s'y trouve; grâce toujours à cette liberté, l'homme est au-dessus des planètes, de toutes les merveilles de la nature. S'il existait des êtres immortels, sous n'importe quel nom, l'homme serait leur supérieur, car ils n'auraient pas la liberté d'opter entre le bien et le mal, et si un pouvoir supérieur leur ordonnait de faire le mal, ils ne pourraient pas s'y soustraire par la mort, en disant : « *Je ne commettrai pas ce crime ou cette iniquité, j'aimerais mieux mourir !* »

La liberté de l'homme n'est prouvée ni prouvable par aucun autre fait, par aucun autre argument que celui de la mort. *Sans la mort, l'homme ne serait pas libre.*

Il serait vertueux, on pourrait dire qu'il a été créé vertueux et qu'il n'a pas la liberté de ne pas l'être. Il serait vicieux, on ne saurait l'accuser, car il pourrait répondre : « Quelqu'un, je ne sais qui m'a créé vicieux. Je n'ai pas la liberté de ne pas l'être. » Grâce à la mort, ces arguments n'ont pas de base. Au vicieux on dirait : « Meurs plutôt! tu as la liberté de mourir! »

Et l'être vertueux auquel on refuserait la récompense pourrait s'écrier : *Mais au lieu de souffrir, j'aurais pu mourir.* La mort est à la disposition de tout être humain.

La mort donc, à elle seule, constitue la liberté de l'homme.

A tous ceux qui nient le libre arbitre de

l'homme, on n'a qu'à poser la question que voici : *L'homme est-il oui ou non libre de mourir?*

Personne ne dira non. Donc l'homme est libre dès qu'il a conscience de soi-même.

De quelle plus grande liberté peut-il faire usage vis-à-vis de son Créateur que de lui dire : « *Tu m'as créé, toi, eh bien, moi, je vais me dé-créer, je vais mourir.* »

Si les Lucrèces n'étaient pas libres de se poignarder plutôt que de céder aux Tarquins, il n'y aurait jamais eu de Lucrèce et toutes les femmes devraient céder au premier venu qui est le plus fort. Si les Catons n'étaient pas libres de ne pas vivre sous des Césars, nul ne serait blâmable d'être le suppôt de la tyrannie la plus effrénée. Les mots *tyrannie* et *vertu* ne pourraient même pas exister. L'homme ne voyant pas d'issue pour échapper à la force brutale, s'y soumettrait de prime-abord comme l'animal se soumet à un brutal, à un tourmenteur, à un martyriseur, tout au plus en poussant quelques gémissements et parfois en donnant quelques ruades. Si l'animal avait la liberté de se tuer, jamais cheval, jamais chien n'eût permis à son maître de les surmener ou d'abuser de leurs forces. Ils se seraient tués !

Nous ne savons pas si la vie des planètes est tellement reglée qu'il n'y a dans leurs mouvements ni violence, ni abus de pouvoir. Mais si cela était, elles ne pourraient pas se soustraire à ce genre de tyrannie. Le soleil n'a pas le pouvoir de dire à son Créateur : « Je ne veux pas paraître. Que si tu uses de violence envers

moi, je me plongerai dans la mer pour ne plus
jamais en sortir. » Il faut qu'il fasse son devoir
de luire, qu'il le veuille ou non. Mais Dieu lui-
même apparaîtrait en personne ou, sous n'importe quelle forme, à un mortel pour lui ordon-
ner un acte contraire à son discernement et à
sa volonté, cet homme, ce mortel pourrait lui
répondre : « Va t'adresser à un autre. Moi, je
ne ferai pas cela. Et si tu t'avises de m'y forcer,
je me soustrairai à ta loi par une mort volontaire. » Il est vrai que jamais le Créateur n'a
parlé autrement à sa créature que par la raison,
seule intermédiaire, seule médiatrice entre Dieu
et l'homme. Mais cela se pût-il, l'homme, en ce
cas, non-seulement serait l'égal, mais sous certains rapports le supérieur de son Créateur.

*L'homme donc, par le refus de vivre et grâce à
la mort qu'il peut choisir à tout instant, est libre,
tout ce qu'il y a de plus libre; plus encore, le
seul être créé libre sur la terre.*

Il se peut que sur d'autres planètes il y ait des
êtres également mortels, mais vivant plus longtemps et ayant moins d'enveloppe matérielle. Ils
ne seraient supérieurs à l'homme que par une
raison plus éclairée, plus équilibrée et par la
même liberté de pouvoir mourir. Sans cette
liberté, dussent-ils vivre dans une sphère d'éternelle vertu, ils seraient moins grands et surtout
moins heureux que nous. Car la seule grandeur
de l'être est dans la liberté d'opter entre le bien
et le mal. L'homme, fût-il malheureux uniquement parce qu'il opte neuf fois sur dix pour le

mal contre le bien, il vaut mieux encore être malheureux et libre qu'heureux et esclave. Il n'est pas d'être intelligent, pouvant opter, qui ne préfère sa liberté spirituelle à son bien-être matériel.

Et voilà le second fait indéniable, la seconde vérité absolue.

Qui osera y contredire?

Seulement et heureusement, cette liberté divine s'arrête par la mort même.

Et par là elle donne à la mort, à ce privilége divin, un caractère particulier de vice ou de vertu, de bien ou de mal.

II

Tout l'univers intellectuel et moral repose donc sur la base inébranlable de ces deux vérités absolues. Savoir :

La non-liberté de l'homme devant son Créateur avant de naître.

Et sa liberté, une fois né, de ne pas vivre.

Si l'homme, après sa mort, était libre, soit de ne plus renaître, soit d'opter entre les créatures, il ne serait jamais ni juste, ni bon, ni vertueux. Il aimerait mieux vivre peu de temps selon les désirs de la chair, employant, pour parvenir à ce but, soit la force, soit la ruse et se soustrayant à la peine par la mort, en disant: *courte et bonne.*

Mais si sot, si borné, si léger, si indifférent qu'il soit, n'étant plus libre dès qu'il rentre dans la mort, il se trouve devant une noire incertitude qui n'a absolument rien d'engageant.

Tout d'abord, il n'est pas sûr de ne plus renaître de force à l'instant même. Il a beau douter de tout, nier tout, ce qui est certain pour lui, c'est qu'il n'a plus la liberté, ni de ne pas renaître, ni de ne pas naître cheval, cochon, serpent, ciguë, bois, pierre, montagne ou abîme. Il n'en sait rien. Ces choses-là existent, il les a vues. D'où viennent-elles? De quelle matière sont-elles? Elles ne se distinguent nullement de la matière dont l'homme est pétri. Entre un rat mort, une plante pourrie et un cadavre humain, la différence est nulle.

Perspective peu agréable!

L'homme vertueux qui souffre se dirait: A quoi bon endurer des souffrances de cent ans quand je puis m'y soustraire par une souffrance de cent minutes. Mais sait-il comment il renaîtra après cet anéantissement volontaire? Est-il sûr qu'à l'instant même il ne renaisse dans des conditions de souffrance encore plus terribles! Il n'en sait absolument rien. Là où cesse la liberté, là le terrain fuit sous le pas du voyageur mortel. Il a beau douter, il ne peut s'abstenir, il faut qu'il opte, soit pour le bien soit pour le mal!

Mais, dira-t-on, puisque cette liberté disparaît,

après la mort, que peut espérer l'homme juste, l'homme vertueux, l'homme de raison, ayant opté pour le bien contre le mal, aux dépens de tous les plaisirs matériels? Remarquez que, tout en restant dans le doute, que sans rien préjuger, sans rien affirmer, je vais exposer devant vous tous les cas possibles et imaginables. C'est ainsi que les hommes sages, les hommes de raison, ayant vécu avant nous, sont arrivés à la certitude. On n'arrive à une vérité qu'en écartant toutes les erreurs. Si, sur cinq cas posés, quatre sont impossibles, le cinquième seul est admissible, à la condition toutefois qu'il soit d'accord avec la raison et qu'il ne soit pas contraire à la loi de la nature.

L'homme qui s'est agrandi par la vertu, qui a étendu sa sphère par l'usage raisonnable de la liberté, peut se dire : Pourquoi la force qui a agi dans mon corps descendrait ou disparaîtrait-elle? Moi, d'abord, je n'ai rien fait pour déchoir. J'ai toujours visé haut.

Ou le moteur de tout ce qui existe, en me donnant la liberté de mon mouvement particulier, n'a plus besoin de ma petite force ; en ce cas, il me fera retourner à la source d'où il m'a détaché et me vouera au repos,— c'est l'idéal des Indiens qu'ils appellent *nirvanah.*—Ou bien, si ma rotation dans le grand mouvement des mondes créés est encore nécessaire, je renaîtrai, soit dans les conditions intellectuelles dans lesquelles j'étais au moment de ma mort, soit dans une sphère encore supérieure. Dans quel but le Créateur me ferait-il déchoir? A moins que lui-même ne fût un génie de mal, se repaissant du malheur d'autrui et n'existant que pour les souffrances de ses créatures!

Qu'en savez-vous? me répond-on. D'où tirez-vous une preuve convaincante et probante que le Créateur des planètes suit un principe de justice et l'applique à ses créatures? Ne se peut-il pas que toutes les créatures ne soient que d'affreuses marionnettes dont le directeur tient les ficelles et auxquelles il fait faire toutes sortes de culbutes et de cabrioles pour son passe-temps et son plaisir particulier? Ce directeur de la tragi-comédie de la vie terrestre ne peut-il pas, ne fût-ce que par envie, précipiter dans l'abîme celui qu'il a élevé un moment dans les hauteurs et faire remonter les êtres qui rampent dans les basses fosses, rien que pour se glorifier de son pouvoir tout-puissant, absolument comme certains rois abaissent des ministres vertueux et exaltent de vils courtisans, de vicieux compagnons?

Et de fait, le monde, tel qu'il est, ne vit-il pas d'injustices? Les peuples n'existent qu'en se dévorant les uns les autres. Le bonheur de l'un ne jaillit que du malheur de l'autre. Le riche n'est heureux dans son opulence que parce qu'il y a des pauvres à côté de lui. La santé ne se sent à l'aise qu'à côté de la maladie. Les êtres créés vivent les uns des autres, se dévorent les uns les autres. Où donc est la justice dans le monde, et si elle n'est pas dans ce monde-ci, pourquoi serait-elle dans un autre monde?

En effet! *Si la justice n'est pas dans ce monde-ci, il est impossible qu'elle soit quelque part ailleurs.* Toute loi est absolue ou elle n'est pas. Toute vérité est ubiquiste. Ou elle est partout *vérité*, ou elle ne l'est nulle part! Une vérité vraie en Europe l'est aussi en Amérique, ou c'est un mensonge partout. Une vérité qui se manifeste chez les peuples civilisés et qui ne serait pas absolument vraie chez les sauvages est forcément une erreur. Si Dieu est, il est partout le même, sur la terre aussi bien que dans le ciel. Si la justice est quelque part, elle est partout. Il est impossible qu'il existe un créateur qui serait injuste pour la terre et juste pour le soleil ou la planète Mars. Et si la justice n'est pas en deçà de la tombe, elle ne saurait l'être au delà.

Or, l'homme ne saurait aller de l'inconnu au connu. Il ne va que du connu à l'inconnu. Nous ne pouvons donc pas préjuger notre vie de la vie future, il faut au contraire déduire la vie future d'au delà de la mort, de la vie présente sur la terre ici-bas.

Telle est l'une, telle sera l'autre!

IL S'AGIT DONC AVANT TOUT DE SAVOIR, SI LES MALHEURS ET LES INJUSTICES DE CE MONDE SONT L'ŒUVRE DU CRÉATEUR OU DE LA CRÉATURE. *C'est la question capitale de l'existence humaine!* S'ils sont l'œuvre du Créateur, l'homme, malgré sa liberté, n'est absolument sûr de rien. Ou plutôt il serait sûr que la justice n'est qu'un vain mot et la vertu une duperie partout, aussi bien dans la vie qu'après la mort.

Car, qu'est-ce qu'un pouvoir qui ne peut être juste sur une planète et qui se réserve la justice pour un monde que personne n'a vu et dont personne n'est jamais revenu, pour porter témoignage de sa beauté et de sa splendeur? Si le Créateur est juste quelque part, il peut l'être partout. S'il ne peut pas l'être dans ce monde-ci, il ne saurait, à plus forte raison, l'être dans un autre monde.

Et plus un homme serait injuste, tyrannique, criminel et égoïste, plus il témoignerait de son origine divine.

Mais si les malheurs et les injustices de la vie terrestre sont l'œuvre exclusive de la créature, *l'œuvre de sa liberté, car qui dit liberté dit pouvoir de se tromper*, tout change de face.

Du moment que l'injustice est le résultat de la liberté, elle disparaît dès que cette liberté s'évanouit elle même. L'injustice et le malheur ne seraient donc que l'apanage de la vie, privilége immense, car, comme je viens de le dire, il est plus grand d'être libre et malheureux qu'heureux et illibre. Avec la mort, avec la liberté disparue, commencerait alors forcément le règne de la justice, et sous ce règne, le bonheur serait forcément le fruit de la vertu, et le malheur inévitablement le châtiment du vice.

C'est absolu, forcé, mathématiquement inébranlable; car il est impossible que la liberté du mal produise l'injustice et le malheur, si la liberté du bien ne produit pas la justice et le bonheur.

Je ne puis pas dire à un être quelconque : tu as la liberté du bien et du mal, si des deux côtés il n'y a pas de loi inexorable et absolue pour chaque option. Si les résultats des deux pouvaient être confondus une minute, non-seulement la liberté ne serait qu'un mot ridicule, mais elle ne servirait absolument à rien.

Donc, si du mauvais choix ou d'un abus de liberté, l'injustice et le malheur dévorent le domaine de l'homme, c'est-à-dire l'Univers dont il est le roi, il faut absolument que là où cesse cette liberté, et là où ce pouvoir du mal disparaît, règne la justice absolue et inexorable.

Ce règne commence donc forcément pour l'homme le jour de sa mort où cesse sa liberté.

Mais toujours à cette seule et unique condition, savoir :

Il faut qu'il soit prouvé que l'injustice et les malheurs, et d'autre part les bonheurs immérités de la société terrestre *sont uniquement l'œuvre de l'homme et de sa liberté.*

Et pour établir cette base inébranlable, il faut qu'il soit prouvé, et d'une manière irréfragable, savoir :

Que la force créatrice qui a créé l'homme n'a pu le créer ni plus parfait ni moins mauvais, ni meilleur ni pire !

C'est ce que nous allons essayer de prouver, toujours en restant à la portée d'un enfant. Car une vérité qui ne s'impose pas par elle-même, comme la lumière, n'en est pas une.

La métaphysique n'est pas une science. C'est

la raison de Dieu se manifestant par un homme.
Elle n'est rien si elle n'est pas cela.

III

L'homme depuis qu'il existe a toujours songé,
soit d'instinct, soit par raison, à abolir les injustices, les iniquités et les abus de la société
humaine. Depuis la première origine de l'histoire,
c'est-à-dire depuis que l'homme se ressouvient
de sa vie sociale, il a toujours fait des efforts
d'amélioration, d'amendement et de civilisation.
Il a toujours travaillé à diminuer les malheurs, à
augmenter la somme des bonheurs, à détruire le
mal et à le remplacer par le bien, à abolir ou du
moins à neutraliser l'injustice par l'équité et la
justice, en un mot, l'homme a toujours cherché
à améliorer son sort et celui de ses semblables
par la justice, la vertu et le bien.

Cela s'appelle le *progrès*.

Le *progrès*, lui aussi, est exclusivement dans
la main de l'homme, et ne repose que sur son
infatigable et inébranlable activité.

Le progrès, lui non plus, ne vient pas du Créateur, il est uniquement l'œuvre de la créature.

Or, ce sentiment universel d'amélioration par

la vertu, de béatification matérielle par la justice, et de civilisation par le progrès, n'existerait pas et n'eût jamais pu exister, *si le mal était l'œuvre du Créateur ou de la force créatrice, quel qu'en soit le nom, d'où les choses réelles sont sorties.* A quoi bon songer à abolir l'injustice, l'abus, l'iniquité, la force brutale, le mal enfin, si ces choses-là sont dans la nature des êtres, si le Créateur les a pétries dans leur pâte, soit qu'il n'ait pu faire mieux, soit que lui-même ne représente que la force sans justice? L'homme y eût-il même pu songer, ses efforts se seraient toujours brisés comme le pot de terre contre le pot de fer. A peine un homme juste, à force d'abnégations, eût-il aboli un abus, qu'un autre, son successeur créé dans le mal, eût déferlé sur lui comme un flot envahisseur pour le noyer, lui, son œuvre et jusqu'à son nom.

Non-seulement jamais mortel n'aurait pu songer à améliorer la société humaine dans laquelle il a vécu, mais jamais amélioration d'une génération ne serait restée debout pour la génération suivante. Le mot *progrès* n'eût jamais pu être inventé. Il ne peut exister qu'autant que l'homme, par ses efforts de bien, de justice et de vertu, puisse faire un pas en avant, en foulant aux pieds le mal, en d'autres termes, qu'autant que le mal, étant l'œuvre de l'homme et de sa liberté, puisse être vaincu et réduit à l'impuissance par le bien du même homme, par un meilleur usage de cette même liberté.

Mais ceci n'est qu'une preuve négative. Elle

prouve que l'homme a toujours cru et professé que le mal social était exclusivement son œuvre à lui, soit de ses passions, soit de son ignorance, soit de son orgueil, et qu'il pourrait, quand il le voudrait, l'abattre à ses pieds, marcher dessus comme un géant sur un nain, et le rendre complétement impuissant. C'est à ce sentiment que nous devons les œuvres du verbe, avec toutes ses branches des arts et métiers.

Mais il y a une preuve affirmative, une preuve probante, reposant sur des faits matériels de la nature. Les voici :

Il n'est pas vrai que le bonheur de l'homme consiste dans le malheur d'un autre être. Il n'est pas vrai que le bonheur créé ne soit que l'antinomie du malheur. *Le Créateur a donné à la créature du bonheur réel, reposant, non sur le malheur, mais sur le bonheur d'autrui.*

Citons d'abord le plus grand bonheur à la fois matériel et intellectuel : l'*Amour*.

Toute la création repose sur l'amour, et l'amour, à son tour, n'est qu'un apôtre divin de la création permanente.

Or, l'amour non-seulement ne repose pas sur le malheur d'autrui, mais ce bonheur ne repose que sur le bonheur d'autrui. Le bonheur que l'on y donne dépasse de beaucoup celui que l'on y reçoit.

Ce bonheur, qu'on appelle divin, précisément parce qu'il est basé sur le bonheur d'autrui, et qu'il est accessible à tous les êtres sans distinction, prouve d'une manière irréfragable que le

Créateur peut créer la créature pour le bonheur sans malheur. Or, du moment qu'il est prouvé que la force créatrice peut être juste et faire acte de bonté et de justice, pourquoi changerait-elle sa loi pour créer du malheur? On me répondra : Mais le mal existe à côté du bien, il existe dans l'homme. L'homme a été créé. Donc le mal est créé avec lui. C'est donc toujours le Créateur qui a créé le mal.

Pour réfuter victorieusement cet argument il faudrait prouver, non-seulement que le mal est l'œuvre absolue de la liberté de l'homme, mais que le Créateur, d'après ses lois à nous connues, *n'a pu créer l'homme autrement qu'il n'est,* qu'il fallait, pour qu'il y eût un être humain, que cet être *eût la liberté absolue du mal,* que sans cette liberté il ne serait pas l'égal, en quelque sorte, de son Créateur, car la liberté du mal présuppose la liberté du bien, et l'homme, grâce à cette liberté, peut comme Dieu créer du bien par son autorité privée. Grâce donc à la liberté du mal, l'homme devient à son tour créateur. Il crée du bien, d'abord en soi et sur soi, puis sur les autres.

Mais il ne s'ensuit pas de là que le mal soit l'œuvre du Créateur. S'il l'était, nul mortel ne pourrait le détruire, et l'homme, n'ayant plus à travailler pour détruire le mal par le bien, n'aurait plus rien à faire et ne travaillerait plus. L'amour même n'aurait plus de raison d'être. Car dans le choix que deux êtres font pour s'aimer et pour créer, il y a le sentiment d'un bonheur divin et universel, le sentiment de combattre le mal par la création du bien. De même l'amitié, cet amour des âmes sans la communion des corps.

J'ai cité l'amour comme modèle de bonheur collectif. Mais à vrai dire, il n'y a pas de vrai bonheur qui ne repose sur le bonheur d'autrui. La victoire dans la guerre n'est pas un bonheur réel, même si le vaincu est l'injuste agresseur. Outre les pertes des amis, les fruits en sont toujours empoisonnés, et le sang répandu crie toujours vengeance. Si forte que soit la joie du vainqueur, la crainte de pouvoir être vaincu à son tour enfielle cette joie, et cette crainte s'impose de force.

Nul n'a le droit de se rendre justice soi-même. Gagner un procès n'est pas un vrai bonheur, même si l'adversaire est un filou. C'est un débarras d'ennui. Le vrai bonheur, c'est de faire participer le plus d'êtres à son propre bonheur. C'est propager une vérité et la voir adopter par ses semblables ; c'est rassasier celui qui a faim, désaltérer celui qui a soif. C'est partager avec eux le superflu et le nécessaire. Si égoïste qu'un homme soit, il n'est jamais heureux, à moins de faire partager son bonheur à un autre être, ne fût-ce qu'un chien ou qu'un oiseau. Le plus grand malfaiteur cherche encore à donner du bonheur à un être égal, supérieur ou inférieur à lui.

Non, le Créateur n'a pas créé le mal. Le mal inhérent à la liberté est facultatif dans la créature, et le remède a été créé avant le mal, car cette même liberté qui produit le mal tend continuellement à le détruire par le bien.

Un adolescent auquel j'ai répété ce que je viens de dire, m'a fait la question que voici : N'aurait-il pas mieux valu ne pas introduire le mal dans la liberté que de le faire détruire par elle ? N'est-ce pas un travail de Sisyphe que de détruire toujours ce qui se reproduit toujours ?

L'objection serait vraie et terrible. *Premièrement*, si la somme du mal était toujours et forcément égale à la somme du bien. *Secondement*, si le mal, détruit par les efforts de l'homme du passé, revenait toujours et qu'il demandât toujours les mêmes efforts pour être redétruit, en d'autres termes, s'il n'y avait pas dans l'humanité *un progrès qui reste acquis par l'histoire*, progrès basé sur la vertu et sur la justice des hommes qui ont vécu avant nous.

Ce sont là deux considérations de premier ordre et qui méritent un examen approfondi et particulier. Nous allons les examiner dans le courant de nos investigations.

IV

Avant de rechercher la vérité sur la somme du mal et du bien, et sur l'efficacité du mal détruit dans le passé, il nous faut établir ce qui est mal et ce qui est bien. Cela paraît facile de prime abord, et pourtant de grands penseurs et des penseurs de bonne foi (j'appelle penseur de bonne foi tout homme qui n'est pas payé pour penser, écrire et prêcher) ont nié l'absoluité de l'idée du bien et du mal. Pascal est de ce nombre. Il prétend qu'une frontière, qu'une montagne fait changer la notion et la nature du mal et du bien.

Si cela était vrai, nulle vérité ne serait plus ni vraie, ni prouvable. L'homme vivant et mourant dans un doute éternel, confondrait le vice avec la vertu, l'iniquité avec la justice, l'égoïsme avec l'abnégation. Si le mal et le bien ne sont pas absolus et universels dans leurs définitions, si l'homme ne sent pas d'instinct ce qui est mal et ce qui est bien, s'il pouvait avoir le moindre doute sur l'idée du mal et du bien, le monde ne serait qu'un bloc chaotique, la raison un mirage, et la conscience une tricheuse, une faiseuse de dupes.

Toute vérité qui n'est pas absolue, universelle, qui n'est pas sentie instinctivement par tous, n'en est pas une !

Or, s'il y a un principe absolu et universel, c'est celui du mal.

Partout, chez les anthropophages aussi bien que chez les peuples les plus civilisés, l'ingratitude, la trahison, le mensonge, la mauvaise foi, la tromperie, à plus forte raison, le meurtre, sont regardés comme un mal. Le Spartiate s'exerçait au vol pour voler l'ennemi; mais si contre sa promesse formelle il eût spolié son ami, il eût été noté d'infamie. L'anthropophage dévore son ennemi vaincu. Mais cela fait, il risque sa vie d'instinct pour sauver l'enfant de son ami de la mort; et d'instinct (d'après le récit de Cook) tous les sauvages se mettent à genoux pour l'admirer. Partout un Brutus sacrifiant son fils serait hué; mais dès que l'on apprendrait qu'il ne l'avait sacrifié que pour le salut de ses concitoyens et de la patrie, il serait universellement admiré.

Il peut y avoir différentes opinions sur des mœurs collectives et nationales, les unes niant les effets mauvais de ces mœurs que les autres admettent et proclament. Il est des humains qui dévorent leurs ennemis, d'autres en font des esclaves; d'autres encore les rançonnent et leur enlèvent des territoires; ce sont là des actions provenant de l'ignorance des effets de la loi suprême du bien et du mal. Il y a des nations qui ne croient pas au châtiment terrestre du mal.

3

Il y en a d'autres qui croient qu'il existe un pouvoir qui peut annihiler le mal par le pardon ; mais sur la nature du mal même, il n'y a qu'une voix dans l'univers entier, et si nous savions interpréter le langage des bêtes et des plantes, nous verrions qu'ils disent la même chose.

Rien de plus simple. Le mal c'est : *de faire à son prochain ce qu'on ne voudrait pas qu'il vous fît, si vous étiez à sa place.*

Le milieu entre le bien et le mal, c'est de ne pas faire à son prochain ce qu'on ne voudrait pas qu'il vous fît.

Le bien, c'est de faire à son prochain tout ce qu'on voudrait qu'il vous fît, si l'on se trouvait à sa place.

Les penseurs de toutes les nations ont défini ainsi le bien et le mal presque dans les mêmes termes. Le mal que les hommes se font mutuellement et en connaissance de cause vient de ce que le malfaiteur croit que sa victime lui ferait la même chose, si elle était à sa place.

Ainsi, le vainqueur cruel inflige au vaincu les mêmes maux qu'il eût cru subir, s'il eût été vaincu. Il juge tous les hommes d'après lui, et il ne se tient pas pour un méchant, parce qu'il croit que tous les hommes feraient la même chose s'ils se trouvaient à sa place.

Mais ce même vainqueur, s'il avait donné sa parole, s'il avait des obligations quelconques envers son vaincu, ou s'il avait jamais obtenu de meilleures conditions, se trouvant dans le même cas, ce même vainqueur, manquant à sa parole, étant ingrat et cruel, sait très-bien qu'il fait mal et s'il le fait tout de même, c'est de deux choses l'une : ou il ne croit pas à une loi de justice suprême, en vertu de laquelle tout mal est tôt ou tard vengé, ou il croit à un pouvoir arbitraire et supérieur pouvant annihiler l'effet du mal par le pardon.

La connaissance du mal et du bien n'est pas une science, c'est une conscience. Elle naît avec la volonté. L'enfant, dès qu'il sait vouloir, sent d'instinct ce qui est mal et ce qui est bien. Voici pourquoi :

L'homme, n'importe de quelle race, de quelle couleur et de quelle contrée, dès qu'il se trouve en face d'un de ses semblables, sent que ses dons sont inégalement répartis. De deux hommes, enfants, adultes ou vieillards, l'un est toujours plus faible que l'autre, soit physiquement, soit intellectuellement. De ces inégalités jaillit l'harmonie universelle comme elle jaillit matériellement des différentes dissonances. Nous traiterons plus tard des devoirs qui ressortent de ces inégalités. Pour le moment, il suffit d'établir le fait qu'un homme fort et un homme faible ne peuvent vivre simultanément l'un à côté de l'autre dans une certaine harmonie, qu'on appelle paix, qu'à la condition que le fort n'exploite pas le faible pour son plaisir et son intérêt, plus encore, que le fort fasse son devoir de bien, afin que le faible jouisse de ses droits. Si le fort se contente seulement de ne pas faire du mal au faible, en prenant pour lui seul tous les fruits de son travail, le faible n'est pas précisément malheureux, pourvu qu'il y ait pour lui place au soleil; mais pour qu'il soit heureux, il faut que le fort, non-seulement travaille pour soi, mais encore qu'une part de son travail profite au faible, et cela toujours en vertu de la loi absolue et universelle : fais à ton prochain ce que tu voudrais qu'il te fît, si tu étais à sa place.

Et il y sera tôt ou tard à sa place. Car devant le Créateur il n'y a pas de fort. Le plus fort devient le plus faible, soit par la maladie et la vieillesse, soit devant un ennemi plus fort par le nombre. L'homme sait cela d'instinct, et c'est instinctivement qu'il suit la loi du bien. S'il fait le mal, je le répète, il le fait sciemment, soit qu'il ne croie pas à un pouvoir suprême de justice vengeresse (la justice des hommes seuls ne suffit pas; le malfaiteur espérant toujours pouvoir l'éviter ou la tromper), soit qu'il compte pouvoir être pardonné.

Si donc un enfant fort fait du tort à un enfant plus faible, il sent très-bien qu'il fait mal. Le faible, à son tour, tout en subissant l'injustice, ne cède pas à la force sans protester; et à défaut de vengeance sociale ou divine, il se promet bien quand il sera le plus fort de lui faire éprouver le même sentiment.

La vengeance en réalité n'est qu'un rappel de la conscience. Le vengeur a l'air de dire, et le dit en effet : Sens-tu maintenant l'injustice que tu m'as faite? Et l'autre, en subissant la loi du plus fort, se soumet momentanément.

Seulement, ce n'est jamais la partie qui doit être juge. Un homme ne doit se faire venger que par la loi; la loi seule représente la justice absolue.

Il y a des pays qui admettent le divorce; d'autres, qui ne l'admettent pas; des pays qui permettent la polygamie, d'autres qui la défendent. Il y a des nations qui tolèrent les mariages consanguins et la prostitution masculine et féminine; d'autres qui les appellent des abominations. Certains peuples ordonnent la circoncision des mâles, d'autres la rejettent.

Ces différences proviennent de l'ignorance de l'absoluité de la loi naturelle.

Les uns croient que ces actions sont contraires à la santé, à la conservation de l'espèce, à la propagation de la famille; les autres nient ces mauvais résultats.

Plusieurs de ces différences dépendent du climat. Telle loi sur les mariages ou sur le corps humain est nécessaire pour tel climat qui ne l'est pas pour un autre.

Mais dans tous les pays, un homme qui aurait fait librement un serment de fidélité à une vierge en lui disant: je te promets d'être fidèle si tu consens à être ma femme, et qui eût violé de gaieté de cœur ce serment, serait considéré comme un parjure, à moins que la femme elle-même ne l'eût librement dégagé.

Les hommes, pour éviter ce reproche, ont mieux aimé ne pas faire ce serment, et mettre les femmes en esclavage. D'autres les achètent

3.

temporairement; mais ils savent très-bien qu'ils sont injustes, et que l'abus du plus fort est un mal. S'ils s'y livrent tout de même, c'est qu'ils n'admettent pas que ce mal se venge sur eux-mêmes ou sur leurs enfants, bien que tous les peuples polygames tombent tous et soient toujours tombés dans l'esclavage. Ou bien ils se fabriquent un dieu facile qui a les mains pleines de grâces et d'indulgences moyennant prières, blandices, épices et quelques aumônes à certains hommes, qui prétendent être ses seuls représentants sur la terre et qu'on appelle prêtres.

L'histoire seule est la preuve vivante et vécue de la justice absolue du mal dans toutes ses branches et dans tous ses résultats. A mesure que l'histoire nous montre les effets palpables de certaines actions de mal, les humains, instruits par l'expérience, classent certains actes et certaines mœurs dans le domaine du mal. Mais sur le principe du mal même, il n'y a jamais eu le moindre doute, ni la moindre discussion, car le Créateur en donnant à la créature la liberté du bien et du mal, lui en a donné d'instinct la connaissance; autrement, cette liberté ne serait qu'une dérision et n'encourrait aucune responsabilité. La société ne pourrait nulle part, et n'aurait jamais pu puiser quelque part le droit de punir. S'il fallait une raison supérieure, une longue science ou une grande expérience pour discerner le bien du mal, chaque criminel qu'on accuse pourrait répondre au juge : « Je ne savais pas que l'action que j'ai commise était un mal. »

Si jamais il venait à l'idée d'un criminel de faire cette réponse, le juge n'aurait qu'à lui adresser la question suivante : « Aurais-tu aimé qu'on te trahît, qu'on te manquât de foi, qu'on te volât, qu'on t'assassinât, qu'on te séduisît une femme chérie, une sœur ou une fille bien-aimée? Aurais-tu aimé que l'on t'injuriât en te reprochant des fautes et des délits que tu n'as pas commis, ou seulement en te reprochant des défauts physiques que tu ne t'es pas librement donnés, et contre lesquels ton pouvoir est impuissant ? Mets-toi à la place du plaignant ou de ta victime, et tu sentiras très- bien ce qui est mal et ce qui est bien. »

Et, en vérité, la connaissance du mal et du bien est innée. Elle naît avec l'homme.

Elle est même innée dans certaines bêtes; car, pour avoir moins de liberté que l'homme, les bêtes intelligentes n'en sont pas tout à fait privées. Le cheval, le chien, l'éléphant, l'abeille, le taureau ont le sentiment du bien et du mal. Ils savent si bien quand ils font du mal que c'est mal, qu'après l'acte ils en sont attristés. C'est pourquoi le plus grand législateur de l'humanité, Moïse, a frappé de punition l'animal qui est coutumier d'actes de mal, soit contre l'homme, soit contre son égal. Le cheval hargneux, le taureau méchant qui, à plusieurs reprises, mordent, ruent, et finalement tuent, soit l'homme, soit la bête, sont condamnés à mort et retranchés de la société d'êtres vivants.

Mais il ne suffit pas que l'homme sache ce qui

est mal et ce qui est bien, il faut encore, afin qu'il opte pour le bien, qu'il ait l'assurance, par des faits irréfragables et historiquement prouvés, que le mal produit toujours le mal, qu'il retombe toujours sur quelqu'un, qu'il n'y a ni homme ni Dieu, nul pouvoir qui puisse l'annihiler par l'oubli ou le pardon ; que le bonheur de l'homme dépend uniquement de l'extirpation du mal et de l'accomplissement du bien ; autrement son discernement du bien et du mal ne servirait à rien.

Mais, pour le moment, nous n'avons tenu qu'à prouver que le mal et le bien sont absolus, les mêmes dans l'univers entier, et que tout être, dès la manifestation de la volonté, en a la connaissance instinctive. Ceci prouvé et établi, faisons un pas en avant. L'horizon, à mesure que nous avançons, s'étend de plus en plus. Avec l'horizon étendu et élargi, la lumière se fait mieux voir et pénètre mieux ceux qui ne ferment pas de parti près les yeux intérieurs de la raison et du cœur.

V

Supposons un père tenant à son enfant le langage suivant :

Voici du pain qui te nourrira et qui soutiendra

ta santé et voilà du poison qui, loin de te nourrir, te rendra malade. A une certaine dose, il te tuera.

L'enfant fera probablement la question que voici: Est-ce bien vrai? Ce poison est-il toujours mortel? N'y a-t-il pas un moyen pour le rendre inoffensif?

A cela, le père répondra : Il n'y a que du contre-poison qui puisse neutraliser les effets du poison, mais, même si le contre-poison réussit à détruire l'effet du poison pris, il laissera des traces de maladie, et s'il ne vient pas immédiatement après l'empoisonnement, son effet neutralisateur est nul et la mort est certaine.

Il est évident que pour tenir ce langage, il faut que la loi de la nature, au nom de laquelle parle le père, soit stricte et inexorable. Pour recommander à un homme d'éviter à tout prix le poison, il faut que le poison soit mortel. Si celui qui octroie à un humain la liberté de choisir entre le poison et une nourriture saine et substantielle, avait le pouvoir de rendre les effets du poison inefficaces, de les neutraliser par son verbe ou sa volonté, ou bien même d'en changer les effets, au point de rendre le poison nutritif, il aurait été ridicule de tenir le langage que nous venons de citer.

D'abord, à quoi bon accorder une liberté sans valeur?

Si tu m'aimes, répondrait l'enfant auquel on vient de défendre le poison, si tu m'aimes, tu ne m'imposeras aucune restriction, tu me laisseras manger ce que bon me semblera, sans que je me donne la peine de choisir et d'être prudent. Que si par hasard, un fruit attire mon goût et semble faire plaisir à mon palais et que ce fruit s'appelle poison, tu en changeras la nature dans mon estomac; de vénéneux, tu le rendras sain et nutritif. Puisque tu n'as qu'à vouloir, qu'à faire un signe pour changer les lois que tu as faites toi-même, laisse-moi vivre selon mes caprices, et au lieu de me défendre de manger du poison, défens plutôt au poison de me faire du mal. Pourquoi me charger d'une liberté qui ne sera pour moi qu'un souci et qu'un embarras? Pourquoi, du reste, as-tu créé du poison?

Il aurait mieux valu me créer sans liberté et ne laisser autour de moi que des fruits savoureux, ne produisant que santé et gaieté.

Il est vrai que le poison pris à petites doses est un remède. Mais ce poison guérisseur est déjà un contre-poison destiné à détruire une maladie, car toute maladie est un venin qui se forme par la corruption.

A cette récrimination toute naturelle, le Créateur ou la raison à sa place répondra ceci :

Tu dis vrai. Si les lois de la nourriture et du poison n'étaient pas strictes et inébranlables, tu n'aurais pas la liberté d'opter entre les deux, car cette liberté eût été inutile, dérisoire et odieuse à la fois.

Mais, comme les lois de la nature sont mathématiquement strictes et inexorables, comme il ne peut y avoir du froment sans ivraie, de la nourriture sans poison, comme il ne peut y avoir du bien sans mal, et comme le Créateur ne viole jamais ses propres lois, ni ne les suspend une minute, attendu que si cela était, toute sa création s'écroulerait et disparaîtrait dans un effondrement universel, il a fallu te donner le pouvoir de choisir entre le pain nourrissant et le poison meurtrier. Qu'un poison neutralise un autre poison, c'est encore une loi de la nature, c'est le mal s'expiant par le châtiment, car le monde moral et le monde physique n'ont qu'une seule et unique loi. Il ne peut pas y avoir deux lois ni sur la terre ni dans le ciel, mais à condition que ce contre-poison soit appliqué à temps et soit dévoré par celui qui s'est empoisonné. Ce contre-poison laissera toujours des traces de malaise, mais il n'est d'aucune utilité contre un poison dont l'effet s'est déclaré et consommé. Il n'est point de contre-poison contre un crime irréparable. Il faut mourir comme un empoisonné pour lequel il n'y a plus d'autre remède. Il se peut encore qu'un poison matériel ou moral n'agisse pas tout de suite, qu'il ne fasse que miner lentement le corps saturé et corrompu.

Pour être certaine, la mort n'est pas toujours immédiate.

C'est ce qui fait douter parfois de son efficacité. Parfois avant de tuer, il rehausse les couleurs de la vie et accélère le mouvement du sang. Mais s'il ne tue pas, il rend malade, paralyse et neutralise les forces de la jeunesse, à moins qu'un contre-poison, de franche expiation, ne soit appliqué à temps. En ce cas, le corps empoisonné, quoique souffrant, peut se rétablir sans toutefois recouvrer toute la vigueur de ses forces qu'il avait avant l'empoisonnement.

La même loi se manifeste dans l'homme pour toutes ses actions. Nous le répéterons souvent, il n'y a qu'une loi dans tout l'univers, visible et invisible. S'il y avait un seul phénomène en dehors de cette loi universelle, il en faudrait conclure, ou que nous ignorons la vraie loi de ce phénomène, n'ayant pas pu l'étudier et pénétrer dans son essence, ou s'il était prouvé qu'il ne s'accordât pas avec la loi prototype, il faudrait en conclure qu'il n'y a pas de loi du tout, que tout n'est que chaos et que la vie humaine n'est qu'un noir cauchemar produit par un démon du mal. En ce cas, il ne resterait à l'homme que la faculté de se tuer, de renoncer à la vie, et de travailler jour et nuit pour arriver à l'extirpation de la race humaine, n'importe par quels crimes, car il n'y aurait plus dans ce cas ni crime, ni justice, ni vice, ni vertu, ni bien, ni mal, ni récompense, ni châtiment. L'homme ne serait qu'un ignoble pantin et le Créateur un lugubre farceur!

Nous n'en sommes heureusement pas là. Nous n'avons qu'à rejeter loin de nous tout ce qui est contraire à l'Unité absolue de cette loi, également absolue, pour nous trouver en pleine vérité, non supposée ou hypostasée, comme on disait autrefois, mais en pleine vérité exacte, mathématique et irréfragablement prouvée par une double épreuve négative et affirmative

VI

Notre instinct nous dit d'une manière pertinente que l'homme est libre, puisque seul entre tous les êtres, il est libre de ne pas vivre. La raison apprend à l'homme d'user de cette liberté. Elle pose devant lui le bien et le mal, la vertu et le vice, et elle lui dit: *Choisis, voici la vie et voilà la mort. Si tu optes pour le bien, tu en vivras; si tu choisis le mal, tu en mourras.* Ni cette liberté, ni cette raison n'eussent pu exister et n'eussent eu aucune raison d'être, si l'effet du bien pouvait être tourné en mal, ou si l'effet du mal pouvait être tourné en bien, en d'autres termes, si le pain pouvait être changé en poison, ou si le poison pouvait être changé en pain. Cela ne suffit pas. Pour que la liberté soit réelle et qu'elle puisse servir à quelque chose, il ne faut pas qu'il y ait une loi ou un pouvoir qui puisse annihiler le mal fait, ou en neutraliser les effets par le pardon ou l'oubli, tout au plus peut-on admettre qu'il y ait un contre-poison en morale, mal contre mal, c'est-à-dire châtiment contre mauvaise action. Le châtiment, en effet, n'est pas une vengeance, c'est une guérison, tout en laissant des traces de

4

souffrance, mais aux mêmes conditions que pour
la loi physique. Il faut qu'il vienne à temps et
que l'action du poison puisse être arrêtée. Si cette
action est irréparable, il n'y a pas de châtiment avertisseur et réparateur, il n'y a que la
mort.

Seulement, il ne faut pas perdre de vue que le
poison matériel agit très vite, que la durée de son
action se réduit parfois à quelques minutes,
tandis qu'une mauvaise action, pour produire les
mauvais effets d'un empoisonnement, met d'or-
dinaire vingt ans et au delà, surtout si c'est un
méfait social. De là vient aussi que les châtiments
qui paraissent souvent si tardifs se font attendre
dix et vingt ans; rarement pourtant, ils y mettent
plus de temps.

Le monde moral et le monde physique sont
absolument soumis à la même et unique loi. La
différence ne se fait sentir que par rapport à la
durée du temps. Tel effet jaillit plus rapidement
qu'un autre d'une cause donnée, mais les lois de
tous les effets sont identiques.

On n'a qu'à bien étudier les causes et à les
observer dans la vie des peuples pour fixer le
temps que met tel crime à produire son effet inévitable, absolument comme le médecin qui fixe
le temps qu'il faut à certains poisons à produire
leur effet mortel.

Voyons maintenant les preuves négatives et
affirmatives de l'impossibilité du pardon, sous
n'importe quelle forme.

Qu'est-ce que le pardon? C'est le pouvoir que

nous supposons au Créateur ou de changer le mal en bien, ou d'en neutraliser les effets et de l'annihiler par l'oubli ou l'effacement.

Dès que l'on admet ce pouvoir, non-seulement à un homme quelconque, mais au Créateur lui-même, toute la création y compris le Créateur n'est plus qu'un tissu d'absurdités contradictoires.

Avant tout la raison, qui vient de la même source, se demande pourquoi le Créateur m'a-t-il donné la liberté d'opter entre *ceci* et *cela*, puisqu'il peut faire changer *ceci* en *cela* et *cela* en *ceci* ? Que j'opte pour le bien ou le mal, qu'est-ce que cela lui fait, puisqu'il n'a qu'à vouloir et le bien se change en mal et le mal se transforme en bien ? Tout donc étant fatal, je n'ai que faire de ma liberté. Elle ne me sert à rien. Me l'avoir donnée est une dérision, une moquerie. Tout dépend du degré d'amour que le Créateur a pour moi. S'il me veut du bien, toutes mes scélératesses tourneront en ma faveur. S'il me prend en grippe, soit par caprice, soit par mauvaise humeur, toutes mes vertus, tous mes sacrifices ne me feront que du mal. Et dès qu'un homme vertueux aurait cette certitude, il ne lui resterait plus que la dernière revanche, de jeter sa liberté inutile et dérisoire aux pieds du Créateur, et de rentrer dans le néant.

Autre absurdité qui rentre dans la catégorie des preuves affirmatives.

Il est admis selon les *pardonniers* ou les *pardonnistes*, c'est-à-dire adhérents et prêtres du pardon, que le Créateur peut pardonner au criminel, en d'autres termes, oublier son méfait, et s'il est repentant, l'accueillir à lui seul au même degré que quatre-vingt-dix justes.

Le Créateur a donc le pouvoir de faire qu'une chose faite ne le soit plus, ou de la considérer comme nulle et non avenue. Ce pouvoir, selon eux, peut être octroyé à un mortel représentant Dieu sur la terre.

Mais puisqu'il a ce pouvoir surnaturel, violant toutes les lois de la nature connue, qu'a-t-il besoin d'étendre sa miséricorde sur le criminel, que ne l'étend-il sur la victime? Ne serait-il pas plus divin, plus miséricordieux, plus miraculeux, et plus parlant aux yeux des hommes, s'il annihilait les effets du vol ou de l'assassinat sur le volé plutôt que sur le voleur, sur l'assassiné plutôt que sur l'assassin? Puisque par le pardon il suspend sa loi de la nature et parfois la viole, car pour neutraliser les effets d'un acte, il faut arrêter le temps ou l'effet que cet acte va produire ou a déjà produit, pourquoi ne fait-il pas un pas plus loin dans la violation ou la suspension de la loi naturelle; pourquoi ne fait-il pas que le volé ne soit plus volé et que l'assassiné se soit plus assassiné? L'auteur de l'Evangile a bien senti la force de cette logique en donnant à Jésus le pouvoir de ressusciter un mort. Il me semble que dans l'acte du pardon, tel que l'ont entendu les prêtres de toutes les religions, ils ont oublié de citer le personnage principal, la victime. Ils ne font intervenir en général que le Créateur et le perpétrateur du mal, mais cela ne suffit pas. Supposé un tribunal divin, car la justice ne saurait être autre ailleurs que sur la terre. Voici un criminel qui avoue sa faute et demande à être réhabilité. En fait d'argent, rien de plus facile. La partie lésée est dédommagée, capital et intérêts; moyennant quoi, le failli est réhabilité avec tous les honneurs et est considéré autant qu'un mortel n'ayant jamais failli. Supposons maintenant un crime de viol ou de meurtre. Voici un prince s'étant emparé des propriétés ou de la femme d'autrui. A moins que ces propriétés ne soient illégitimement acquises, car en ce cas, le plaignant n'aurait eu que ce qu'il a fait à autrui, il est en droit de dire au juge: jamais je ne permettrai que l'on pardonne à mon spoliateur, à mon ravisseur avant qu'il n'ait restitué mon bien dans l'état où il me l'a pris, et en cas de détriment, je réclame une indemnité évaluée à la perte que j'ai subie. Que si le juge tienne à favoriser mon spoliateur ou mon ravisseur, qu'il paie pour lui, et puisque toutes les richesses sont dans sa main, qu'il pardonne à mon voleur, soit! mais qu'il me rende à moi, volé, tout ce qui m'a été ravi par son favori, autrement je tiendrai le juge lui-même pour complice du criminel.

Que s'il s'agit d'un meurtre, le pardon est chose plus criminelle que le meurtre même. Comment! il existe un pouvoir pouvant violer la loi de la nature et effacer les effets d'un meurtre sur le meurtrier, sans pouvoir faire quoi que ce soit pour la malheureuse victime? Il est vrai que les pardonniers admettent que le Créateur donne ailleurs des compensations à la malheureuse victime. Mais il ne s'agit pas dans ce monde de compensation, il s'agit de justice. Ou le monde est gouverné par la justice, ou il n'est qu'un chaos de caprices, d'injustices et de faveurs imméritées. *Ou le Créateur est juste ou il n'est pas!* S'il peut gouverner sans justice, je puis, moi, gouverner sans lui et sans admettre son existence une minute. Or, s'il est juste, il ne peut, il n'a jamais pu pardonner un crime irréparable. S'il avait eu ce pouvoir, il l'aurait manifesté pour la victime et non pour le malfaiteur. Quoi! le Créateur est le protecteur des malfaiteurs, des criminels et le bourreau des hommes vertueux, ne faisant que du bien? Quoi! il peut effacer toute trace de dessus la tête d'un assassin, et il ne peut pas ressusciter l'assassiné, c'est-à-dire annihiler le fait même? Si cela était, le Créateur ne serait que le compère et compagnon de tous les scélérats, et cela ne peut se penser, pas même par les malfaiteurs qui courent eux-mêmes après l'expiation.

On le voit, le plus grand scélérat de l'humanité est l'homme qui fait accroire à ses semblables qu'il existe un pouvoir pardonnant, c'est-à-dire pouvant, moyennant prières et flatteries, neutraliser ou arrêter les effets d'un acte ou faire comme si cet acte n'eût jamais eu lieu. Les hommes qui ont inventé ce mensonge et ce blasphème n'ont eu en vue que leur propre pouvoir, en se disant autorisés de pardonner à la place du Créateur.

Il se peut que, criminels eux-mêmes, ils se soient fait illusion, ayant cru au pardon et se croyant pardonnés. En ce cas, ils n'étaient que des trompés devenant trompeurs. Mais en général, le mensonge du pardon résultant de l'ignorance de la loi de Dieu et de la nature, n'a été qu'un instrument de subjugation et de pouvoir absolu dans les mains des hommes, qui s'en sont servis pour disposer des âmes et des corps. Et tout pouvoir absolu n'a d'autre raison d'être, ni d'autre but *que la pratique de tous les vices sans être justiciable d'un juge terrestre.* Quant au juge suprême, ces hommes n'y ont jamais cru, ou ils ont cru qu'il était leur compère. Un homme croyant à la justice de Dieu ne saurait admettre ni pardon ni absolution. Les pardonniers ou, ne croyant à aucune justice, se figurant Dieu comme un être despotique et capricieux, se sont flattés d'être les favoris mortels de ce Créateur injuste, volontaire et tyrannique, auxquels il pardonnerait tout, même après leur mort, ou ils n'ont cru à aucun Créateur, à aucune justice, à aucune force intelligente, et n'admettant que la force brutale, ils ont songé à être les plus forts, n'importe par quels crimes, en se disant: *courte et bonne;* la mort étant le néant, du moins nous avons vécu. En tout cas, ces hommes-là sont eux-mêmes les plus grands ennemis du genre humain, et c'est le devoir de tout être de bien, de tout fils de Dieu, de s'en débarrasser jusqu'au dernier, au nom de la justice et de la loi de la nature.

VII

L'idée du pardon pour le mal, liée avec celle de l'abandon et de l'injustice pour le bien, préoccupe l'humanité depuis son existence, ignorant la loi de Dieu identique avec celle de la nature et jugeant selon les apparences trompeuses. Le pardon est intimement lié à cette autre erreur, proclamant le juste malheureux et l'injuste heureux, ce qui revient à dire qu'il n'y a pas de justice sur la terre. Pour répondre à cette objection, les hommes ont inventé une justice réparatrice dans un autre monde, où l'homme vertueux jouira d'une béatitude ineffable et où le méchant brûlera dans un feu inextinguible. Autant dire : Dieu n'est pas juste pour ses créatures sur la planète terre, mais il prendra sa revanche à leur égard dans un autre endroit, quand leurs âmes auront quitté les corps.

Rien de plus contraire à la loi de Dieu qui forcément est UNE ET LA MÊME sur toutes les planètes, ou n'est pas du tout.

Si Dieu ne peut être juste que dans certains mondes, c'est un Dieu restreint, impuissant, un demi-Dieu. Il est radicalement impossible qu'un Créateur soit injuste envers sa créature pendant un certain laps de temps, pour devenir juste à son égard à un moment donné. Que si l'on admet que la vie terrestre soit déjà en elle-même un châtiment, en ce cas, il faudrait qu'elle le fût pour tous sans exception, et qu'il n'y eût que des malheureux. Rendre un être malheureux pour lui payer son malheur par un double bonheur, après soixante ans de souffrances, c'est une dérision. L'homme aurait le droit de dire à son Créateur : « Si tu ne peux me rendre heureux qu'après m'avoir rendu malheureux, tu ferais bien mieux de ne pas me créer du tout ; quant à moi, j'y renoncerai de bon cœur. Et puisque tu peux tout faire à ta guise, commence par diminuer mes malheurs, quitte à diminuer plus tard mes félicités. » Encore une fois cela ne se peut. D'ailleurs cela repose sur des suppositions tout à fait gratuites et imaginaires. De tout cela les malheurs seuls sont réels et palpables. Quant aux bonheurs promis, va t'en voir s'ils viennent. Peu de personnes, du reste, se hâtent d'y arriver. L'instinct de l'homme s'oppose à une telle supposition. Quiconque n'aurait pas d'autre base plus solide pour fonder une société ne bâtirait pas seulement sur le sable, mais dans le vide.

Il faut absolument qu'il y ait une justice sur cette terre, et la même qu'il y aura après la vie terrestre. C'est une condition *sine qua non*. Où la justice comme Dieu est partout, ou elle n'est nulle part.

Alors, me demandera-t-on (et voilà six mille ans que cette question traverse le monde terrestre depuis le pôle arctique jusqu'au pôle antarctique), pourquoi l'homme réputé juste n'est-il pas heureux, et pourquoi l'homme notoirement injuste a-t-il toutes les conditions du bonheur ?

Problème qui jusqu'à ce jour a paru insoluble, mais qui se résout tout seul dès qu'on touche la vérité absolue. Avec la vérité les nœuds les plus inextricables à l'apparence se dénouent comme par enchantement. Voyons.

Nous avons dit que la loi divine était *une et universelle*. Elle est tellement une et absolue dans tous les univers qu'elle englobe tous les êtres sans exception. Chacun de ces êtres semble avoir une autre forme, l'un est de pierre, l'autre de bois, l'autre de chair, l'autre encore d'air ou de feu ; mais la loi, en vertu de laquelle tous existent, est la même, à ce point que l'un est responsable de l'autre, que le bonheur et le malheur de l'un rejaillit sur tous les autres. Cela s'appelle *solidarité*. Mais pour avoir son mot particulier, la chose n'en rentre pas moins et n'en est pas moins comprise dans l'unité absolue et identique de la loi.

Cette solidarité, sans laquelle rien ne pourrait exister, est surtout nécessaire pour le châtiment et l'extirpation du mal, soit dans le monde physique, soit dans le monde moral. Le mal, lui aussi, est solidaire ; il est contagieux, il se répand d'un être à l'autre sans distinction. Il faut donc que le bien, à son tour, soit solidaire.

Or, nul amour du bien n'est possible sans la haine du mal. On sèmerait du froment dans la terre entière, sans une guerre incessante à l'ivraie, aux sauterelles, aux vers rongeurs, à toutes les mauvaises influences des éléments, il n'en viendrait pas un épi. Il en est de même du bien et du mal moral. Nul bien positif possible sans une guerre de tous les jours au mal, sous n'importe quel masque il se présente, car le mal moral comme le mal physique a son masque, et tout ver blanc se présente sous forme de hanneton.

Il est donc impossible que le méchant ou le vicieux soit immédiatement puni par la loi de Dieu, si la loi humaine ne le frappe pas, ce qui est d'ailleurs son premier devoir.

Si tout despote, tout homme vicieux, si tout malfaiteur était puni par la loi de Dieu, pas une main humaine ne se lèverait contre lui, pour l'empêcher de perpétrer des crimes. Chacun se dirait « Laissez-le faire, la main de Dieu l'atteindra pour sûr en peu de temps. Au bout du fossé la culbute. » De même de l'homme juste. Voilà un homme modèle dont la vie entière n'est qu'une série de sacrifices et de dévouements pour autrui. « Cela ne me regarde pas, dira un chacun. Tant mieux pour lui, il aura sa récompense! Il n'a qu'à patienter un peu. » Et la société ne serait qu'un vaste désert d'égoïsme.

Je dis *la société*. Hélas! il n'y aurait pas de société possible, il ne pourrait pas y en avoir une, CAR LES HOMMES NE S'ASSOCIENT QUE POUR FAIRE LA GUERRE AU MAL, AFIN QUE LE BIEN SOIT POSSIBLE.

Or, voici la loi de la nature identique avec celle de Dieu.

Tous les effets de toutes les actions sont solidaires et s'étendent sur tous les êtres. Nous verrons bientôt que tous les maux de la terre, y compris les déserts, sont l'œuvre de l'homme et de la solidarité universelle.

Quand un membre de la société commet une mauvaise action, il est du devoir de chacun d'en détruire les effets et si la cause, le malfaiteur même ne peut pas être empêché de commettre d'autres méfaits, il faut que cette cause, c'est-à-dire ce malfaiteur, disparaisse!

A défaut d'intervention de la justice humaine le mal fait se double, se triple, se décuple, se centuple avec le temps. On pouvait éteindre une allumette, on n'éteindra pas un incendie. On pouvait retrancher un homme, première cause du mal; si on ne le fait pas, loin de gagner quelque chose par cette criminelle sensiblerie, le mal s'étendra sur vingt, sur cent humains, en cinq ans sur mille, en quinze ans sur cent mille, sur un million, à ce point que si la société laissait en repos le mal et les malfaiteurs, elle serait vouée sans miséricorde, en moins de cinquante ans, à une ruine certaine.

Et plus grande est la violenc avec laquelle le

mal, couvé et pondu par le temps, éclate sur les hommes qui n'ont rien fait pour l'arrêter, eussent-ils même fait quelque bien eux-mêmes, plus le premier instigateur du mal restera sous l'apparence du bonheur.

Cette apparence elle-même est un châtiment appliqué aux hommes prévaricateurs, qui n'ont pas tout risqué pour frapper le mal et le malfaiteur dès son apparition.

En vertu de la loi de la *solidarité une,* l'homme qui laisse commettre un crime sans le frapper est plus coupable que celui qui le commet, car toute l'existence des êtres faibles et pauvres est à ce prix. C'est grâce à la solidarité que les faibles réunis tiennent tête aux forts, quand oubliant leurs devoirs, ces forts veulent exploiter les faibles et les employer pour la satisfaction de leurs passions et de leurs vices.

Loin donc d'incriminer le Créateur pour ne pas frapper le méchant directement et immédiatement, il faut admirer sa loi qui veut que le méchant soit avant tout frappé par la justice des hommes, faute de quoi, nul homme juste ne jouira un jour de son labeur et de son sacrifice.

Si Dieu frappait le méchant à chaque crime, à quoi servirait la liberté de l'homme? A quoi me sert la liberté de nourrir un vice, si au bout de la jouissance se trouvait toujours l'expiation certaine? Personne n'en profiterait, et la vertu eût été, pour ainsi dire, chose forcée comme elle l'est chez l'animal qui fait toujours son devoir, dût-il rester dessous!

L'histoire vient à chaque page à l'appui de cette vérité, car l'histoire c'est la loi absolue *vécue et prouvée par les faits.*

Toute famille, toute nation chez laquelle le mal n'est pas attaqué par la racine, périclite d'abord, puis descend rapidement vers sa ruine totale.

Ce n'est d'abord qu'un homme, puis cent, puis cent mille, puis cent millions qui roulent dans l'abîme, et avec eux les montagnes, les vallées, la mer, les bêtes, toute la fertilité, toute la beauté, toute la santé d'un pays !

Toutes les nations disparues, tous les pays ensauvagés ont été florissants aussi longtemps que la vertu a fait une guerre acharnée au vice.

Dès que les hommes soi-disant de bien, se relâchant dans leur prospérité, ont cru qu'il suffisait de faire le bien, sans risquer fortune et vie contre le mal, en moins de vingt ans le mal, centuplant ses effets, étend ses racines sous terre pour miner hommes et choses. C'est comme un effondrement.

Les hommes, ignorant la loi des effets et des causes, crient au miracle. Oh ! que non. C'est la loi de la nature, longuement,' sûrement préparée !

Et plus les hommes de bien ont manqué à leur devoir, plus les hommes de mal ont paru prospères et heureux. C'est encore la loi de la nature. Si le mal portait malheur le lendemain de sa perpétration, à quoi servirait la vertu, la liberté de l'homme? A quoi servirait la justice? Pour que la justice de l'homme compte sur la justice de

Dieu, il faut qu'elle commence par faire son devoir. Si la justice de la terre fait son devoir, celle
du ciel ne manquera, certes, pas au sien. Citons
un exemple pris dans l'histoire d'hier :

Supposé la justice humaine représentée par
cent hommes vertueux, ne craignant pas la mort
(car quiconque craint la mort ne saurait être
ni juste ni vertueux), s'emparant le 2 ou le
3 décembre de Louis-Napoléon, de tous ses sicai-
res, et les vouant à la mort comme de vils scélérats. Cela n'eût point suffi. Il aurait fallu détruire les nids d'où ces serpents sont sortis.
Savoir : prostitution, idolâtrie, athéisme politique et religieux, car quiconque n'atteint pas la
cause détruit en vain l'effet. Supposé que ces
hommes, faisant une guerre sans miséricorde à
toutes les corruptions sociales, eussent établi un
gouvernement honnête, ne vivant que pour la
justice, il est évident, certain même que nous
n'eussions eu ni la guerre de Crimée, ni la guerre
du Mexique, et que jamais Bismarck, qui a suivi
l'exemple de Napoléon III par deux coups d'État,
n'eût osé toucher au Danemark. Bismarck est
sorti de nos entrailles. Il est le fils naturel du
coup d'État du 2 décembre et l'Allemagne le
payera aussi cher que nous avons payé son mi-
sérable vaincu. Nous n'aurions eu ni Metz, ni
Sedan, ni Paris, et l'Alsace-Lorraine serait encore
ce qu'elle était il y a dix ans.

Il est certain que les Français du 2 décembre, les uns idolâtres, les autres athées, ont
manqué à tous leurs devoirs, soit qu'ils ne valus-

sent guère mieux que les faiseurs du coup d'État, soit même qu'ils valussent encore moins.

Aurait-il fallu que le Créateur et sa loi frappassent les criminels le lendemain de la perpétration du crime ??

Mais si cela était une loi de la nature, tout le monde le saurait, et le conspirateur n'eût jamais eu la liberté du mal ! A quoi cela lui eût-il servi ? Et la liberté, le seul cachet divin de l'homme, n'existerait pas !

Si cela était la loi de la nature, ceux qui s'y opposeraient, sûrs d'être vainqueurs, n'eussent aucune vertu et seraient encore moins libres.

La loi, au contraire, dit à ceux qui la connaissent. « Vous voulez être libres et heureux, veillez alors vous-mêmes jour et nuit sur cette liberté. Ne reculez devant aucun danger pour frapper le mal au nom de la justice. Mortels, soyez justes, pour l'amour de Dieu, et Dieu sera juste pour l'amour de vous. »

« Vous ne faites rien, vous avez peur, ou plutôt vous méconnaissez la loi, vous croyez qu'il suffise que chacun se claquemure dans son cabinet, *où il ne fait aucun mal*, pour que le bien s'étende sur la famille, sur la cité, sur la patrie et sur l'humanité. Attendez seulement vingt ans. Pendant ces vingt ans, pour vous mieux châtier de votre lâcheté, j'entourerai les criminels de toutes les apparences du succès et de la prospérité. Sous ces apparences de pourpre, de velours et de soie, le corps se gangrènera de plus en plus; puis un beau matin, il se désagrégera sur une chiquenaude que je lui ferai donner, et l'ennemi vainqueur grouillera dans ce cadavre comme un gros ver rongeur. »

« Profiterez-vous de cette leçon ? L'histoire en est pleine à chaque page. Mais pour les taupes il n'y a pas de soleil. C'est déjà un second avertissement que je vous donne. Que si vous persistez dans le même système, si vous n'attaquez pas les sources du mal, allez, allez toujours, vous aurez encore vingt ans de répit ; mais alors, comme dit Isaïe qui m'a bien connu, vous tomberez de si haut et si bas, que votre chute fera tinter les oreilles de toutes les créatures de la terre, chute dont vous ne vous relèverez plus, et que vous aurez cent fois méritée ! »

VII

Nous voilà revenus à la question de savoir si la somme du mal est forcément égale à celle du bien. Et si le mal détruit par les hommes de bien du passé peut se reproduire, au point de ne laisser aucune trace pour le bien présent. Questions capitales ! car si la somme du mal était toujours égale à celle du bien, la liberté du bien n'aurait aucun effet positif. Ces questions n'ont jamais été traitées à fond par les philosophes et les théologiens, les uns croyant au pardon, les autres à la justice transmondaine, d'autres ne croyant à rien et doutant de tout, excepté du hasard.

D'après la vérité absolue, telle qu'elle se montre dans la nature et l'histoire (il n'y en a pas d'autre), le mal tantôt égale le bien, tantôt le dépasse, et tantôt est refoulé dans son néant.

Les lois du mal et du bien sont si strictes qu'on peut de prime-abord les reconnaître dans chaque pays, après quinze jours de séjour et d'observation.

Partout où le faible est opprimé, exploité par le fort, partout où le pauvre n'est que l'esclave du riche, partout enfin où la même justice n'est pas égale pour tous, partout où il y a esclavage ou servage, ou n'importe quelle inégalité de justice entre les deux sexes, la somme du mal dépasse celle du bien, et pour peu que cet état de choses dure, ce pays et ce peuple, par le poids de leur propre abaissement, descendent de jour en jour jusqu'à la complète désagrégation sociale. Dans un pays pareil, non-seulement les hommes déchoient, mais encore les bêtes, les plantes et les minéraux. Les animaux de bien, en peu d'années, cèdent le pas aux animaux de mal, tels qu'insectes, serpents, carnassiers, oiseaux de proie. Les plantes, de savoureuses, de fragrantes et d'odoriférantes qu'elles étaient, deviennent épineuses, insapides, et même vénéneuses. Le sol se stérilise, l'eau se retire, les montagnes se dénudent, et là où entre des lacs poissonneux

sillonnés de vaisseaux et des montagnes boisées
retenant les pluies, un puissant et laborieux
peuple tirait d'un sol fertile toutes les merveilles
de la culture; là, où, comme dit l'Écriture, cou-
laient à flots le miel et le lait, on ne trouve plus
au bout d'un siècle ou deux qu'un désert de
sable avec des monticules de ruines, devenu le
domaine des animaux et des oiseaux de proie et
parcouru de loin en loin par des caravanes composées d'hommes abrutis et guettées par des
hordes de bandits et de voleurs plus cruels que
les animaux qui les entourent. C'était un Eden,
ce n'est plus qu'un enfer. Le climat est tellement
changé que des récits faits, il y a cinq siècles sur
ce même pays, paraissent des fables incroyables.

Il y a des parties du monde entières qui, par
les vices et les crimes de l'homme, se sont transformées en un désert inhabitable, dont le climat est devenu meurtrier pour tout être de
bien, climat qui est à la terre ce qu'est la peste
au corps humain. Il y a des siècles qu'elles sont
dans cet état. Il ne faudrait que cinquante ans
de travaux de bien pour les transformer de nouveau en paradis.

Je viens de lire dans un livre intitulé : *Moines
et Sybillins* les lignes suivantes :

« L'ancien pays des Esséniens présente aujour-
d'hui un aspect morne et sauvage. Le sol y est
d'une aridité sans égale. L'Attique n'offre plus
que des plaines dénudées. La campagne de
Rome est transformée en un désert marécageux.
L'Engaddi, dont les Écritures vantent les riches

vignobles et la végétation luxuriante, n'est plus
qu'un amas de décombres semé de maigres bou-
quets d'arbres. La belle Ithaque des temps homé-
riques n'est plus qu'un rocher aride. Il ne faut
pas imaginer, par ce que nous voyons aujour-
d'hui, ce que fut la contrée des Esséniens il y à
vingt siècles. »

L'auteur, qui est chrétien, ajoute : « Partout,
l'homme use la terre où il séjourne en population
serrée. » Il se trompe sur la cause. Ce qui use et
détruit la terre, ce n'est pas l'homme de bien qui
la cultive, mais l'homme de mal, le guerrier, qui
empêche de la cultiver. Après la *guerre de
Trente ans*, toute l'Allemagne était dépeuplée et
la moitié du sol était absolument stérile et comme
un désert. L'Allemagne s'en ressent encore aujourd'hui. Des centaines de villages et de bourgs
florissants ont disparu et ne sont pas encore
remplacés en 1875. Le Midi de la France était le
plus beau pays du monde. Depuis la guerre
atroce des Albigeois, et depuis la révocation de
l'édit de Nantes, les montagnes sont dénudées,
les fleuves se sont ensablés ou débordent, cau-
sant d'affreuses inondations. Le climat de ce
pays a complétement changé. Il n'a repris que
depuis un demi-siècle. La Palestine a été le pays
le plus fertile et le plus sain de l'Asie. Après les
guerres étrangères et civiles de la Judée, elle
s'est ensauvagée, et les croisades lui ont donné
le coup de grâce. Il ne faudrait pas un siècle de
paix et de travail pour lui rendre toute son ancienne splendeur.

Le désert lui-même, le grand Sahara, est l'œuvre de l'homme. En sortant de la main du Créateur, l'univers entier était beau, et chaque partie était solidairement nécessaire et utile aux autres. Là où roule maintenant un océan de sable, il y avait une mer, des lacs et mille sources fécondantes. Il est question en Algérie de canaliser la Méditerranée et de la faire rentrer jusque dans le désert, et où elle a coulé il y a mille ans. Les autres parties du désert peuvent toutes être rendues à la culture par l'eau. Les oasis ne sont pas des exceptions; c'est le désert qui est contraire à la nature. Si la société humaine, au lieu d'assassiner ses enfants, soit par l'eunuquage, soit par l'avortement dans les ventres des femmes, envoyait le trop-plein de sa population, qui serait dix fois plus considérable qu'il n'est, de gré ou de force en Afrique et en Asie pour creuser des puits et des canaux et pour fertiliser des sols négligés, en abolissant le despotisme et l'esclavage, en établissant une justice égale pour tous, en moins de cinquante ans des contrées entières, d'un enfer qu'elles sont, se changeraient en Éden.

Deux vices capitaux dominent et asservissent l'humanité : la rapacité et la convoitise. Le premier vice appauvrit et rend tributaires les hommes au profit de quelques riches, le second met sous le joug le sexe faible au profit du sexe fort. L'esclavage et l'inégalité devant la justice, soit par pauvreté, soit par intolérance fanatique, sont les maux principaux qui rongent les hommes et

qui les plongent d'une guerre dans une autre.
Quand la guerre cesse par moment, car les
hommes les plus sots et les plus méchants sont
forcés de s'arrêter dans la destruction, la débauche, l'intempérance et le luxe vicieux continuent
l'œuvre du mal, et ce qui n'a pas péri par la
mort violente périt par une mort purulente.

Dès que l'homme de bien arrive, son premier
soin est d'attaquer à la fois le mal et le malfaiteur. Car c'est une puérilité que de vouloir s'attaquer au mal, en ménageant ceux qui le créent.
Nul bien possible sans l'extirpation du mal. Le
suprême bien est non la bonté, mais la justice.
Sans justice, la bonté, tombant sur un sol stérile, meurt sans produire aucun fruit. Pour que
l'homme devienne propre, pour l'usage de sa
santé, il faut commencer par extirper les insectes
de malpropreté. Qui a créé ces insectes? L'homme
malpropre lui-même. De même pour cultiver la
terre, il faut que le laboureur détruise les insectes, les animaux dévorants et fasse la guerre aux
reptiles et aux oiseaux de proie. Qui a créé ces
êtres du mal aussi hideux que dangereux? Est-ce
le Créateur? Non! c'est l'homme, l'homme qui,
au lieu de cultiver paisiblement la terre, ce qui
est son premier devoir envers elle, devoir qui,
accompli, lui rend au centuple des droits de
jouissance et de santé, fait la guerre à son paisible
voisin, pour s'approprier ses fruits et ses animaux, qui lui prend sa femme et sa fille pour ses
concubines, et met ses fils en esclavage, afin de
rendre toute revanche impossible. La terre, ainsi

négligée, car le voleur ne travaille pas, et ses travailleurs esclaves ne travaillent que juste autant pour ne pas mourir de faim, en peu d'années, au lieu de produire du froment, du vin, des oliviers, des arbres fruitiers, des fleurs, des moutons et des vaches, ne produit plus que des chardons, des bruyères, des épines, des joncs, des herbes sauvages, des serpents, des vipères, des lions, des chacals, des tigres, des loups, des vautours, toutes sortes d'insectes venimeux et de plantes vénéneuses. Ce sont là la vermine de la terre malpropre. Sur l'homme, l'insecte de malpropreté s'appelle un pou. Sur la terre, la vermine, plus grosse, devient marécage, tigre et serpent.

Il aurait fallu peu de chose pour maintenir la santé et la beauté d'un pays. Après l'envahissement du mal, il faudrait des travaux séculaires pour l'extirper. Pourtant, partout où le mal est vivement et sérieusement attaqué, il disparaît en moins de temps qu'il n'a mis pour s'établir. Il a fallu des siècles pour faire un désert. Il ne faudrait pas cent ans pour en faire un jardin.

Avec l'argent et les hommes qu'a coûté la stupide guerre au Mexique, on aurait défriché et tourné en un jardin la moitié du Sahara. Je ne parle pas des pays déchus, comme l'Espagne, qui depuis l'expulsion des Juifs et des Maures, est devenue moralement et physiquement une espèce de désert. Plantez-y quatre millions de protestants et de Juifs travailleurs et tolérants, en moins de trente ans vous aurez une population

triple, et une Espagne aussi fertile que sous
les Maures.

Mais qu'on ne se paie pas de vaines phrases
sur le progrès et sur l'avenir de la civilisation.

Un pays, si riche et si fertile qu'il soit en apparence, dès que la somme du mal y dépasse celle
du bien, ce pays déchoie, et s'il n'y a pas d'hommes
attaquant vigoureusement le mal à la racine, ou
si les hommes attaquant ce mal n'ont pas d'in-
fluence sur la législation et la justice, ce pays,
après avoir d'abord descendu lentement, accélère de plus en plus sa chute, et à mesure que la
chute s'accélère, les événements les plus extraordinaires surgissent au milieu et alentour de lui,
et en peu d'années ce pays, naguère le premier
pour le progrès, se dissout, se disloque, tombe
en morceaux comme un corps s'effondrant par la
gangrène, et perd sa nationalité, son indépendance, toutes les richesses de son sol, et le sol lui-
même jusqu'à sa langue qui devient lettre morte.

De même, et jugeant de l'effet sur la cause, on
peut être certain que tout peuple qui décheoit
est vicieux et criminel. La loi de Dieu n'intervient
jamais autrement que par la logique des causes
et des effets. Les mêmes causes ont partout et
toujours produit les mêmes effets. Partout où
règne la justice — nous verrons tout à l'heure ce
que c'est que la justice — règne aussi la vertu et
le bien, et partout où les vertus et les hommes
de bien sont en majorité et en tête du pouvoir,
règnent aussi la paix, la prospérité et le bonheur.
Le paradis est sur cette terre comme on se le

figure au ciel, et s'il est au ciel, il l'est aux mêmes conditions que sur cette terre, savoir : par la justice et la vertu.

Partout, au contraire, où l'injustice ouvre les portes au vice, à la prostitution des familles, mère de tous les maux terrestres, à l'avarice, c'est-à-dire à l'accumulation des richesses sur quelques familles sans utilité pour les masses, à la convoitise, à l'exploitation du faible et du pauvre, au règne de la médiocrité qui, par la corruption, prend la place du talent et annihile toutes les forces du bien, à peu près comme un zéro, qui se mettrait devant le chiffre, tandis que le chiffre en tête donne une valeur au zéro, on verra le pays se rapetissant et se salissant dans le vice, plein d'insectes venimeux et malpropres ; puis, en peu de temps, devenu la proie des dissensions intérieures et extérieures, tomber de l'anarchie dans le despotisme, et du despotisme dans l'anarchie. Heureux si un puissant vainqueur étranger le maintient pendant quelque temps au-dessus d'un abîme, dans lequel pourtant il tombera tôt ou tard pour s'y engloutir.

VIII

L'histoire, qui est la philosophie en chair et en
os, ou bien la loi de Dieu en faits et gestes,
prouve partout l'inexorable connexion entre la
liberté de l'homme et son œuvre de bien ou de
mal. Malheureusement, elle ne remonte pas très
haut, c'est-à-dire la mémoire des faits histori-
ques ne dépasse pas quatre mille ans, et rien de
précis n'existe sur les temps antéhistoriques. Il
est probable pourtant que les faits de l'histoire
ont été de tout temps consignés, car de tout
temps et chez toutes les nations il y a eu des
hommes de grand génie qui, pénétrant par la
raison à travers les épaisseurs des superstitions
les lois de Dieu, les ont retrouvées et expliquées
dans les actes des humains. Mais ces documents
ont probablement tous péri dans la grande catastrophe qui a failli détruire tout le genre humain et qui a bouleversé de fond en comble
toutes les parties de la planète terrestre. Chez
toutes les nations il y a une tradition de ce grand
cataclysme. Qui sait? Des milliers d'années et des

milliards d'êtres ont peut-être péri dans ce déluge, car la mémoire de l'histoire actuelle ne commence réellement que du lendemain de cette catastrophe dans laquelle, non-seulement les êtres vivants, mais l'histoire de tous les morts pendant des siècles ont été noyés et perdus pour toujours.

La Bible, en quelques lignes à la fois naïves et profondes, dit *que la chair avait universellement corrompu sa voie, que Dieu s'était repenti d'avoir créé l'homme libre dont la volonté ne pense qu'à mal dès la tendre jeunesse.*

Dieu n'a point fait un miracle en faisant arriver ce malheur. Ce déluge était dans la nature des choses, et il le sera toujours. Il est certain que si demain toute chair corrompait sa voie, si l'amour, au lieu d'être un moyen de propagation, n'était plus dans le monde entier qu'un instrument de volupté stérile, si tous les accouplements *contre nature* entre les mêmes sexes étaient admis sans répression et sans danger, en peu de temps la terre ne serait plus cultivée. La terre n'étant plus cultivée et les rares humains se faisant une guerre continuelle pour le peu de fruits qu'elle produirait sans culture, les animaux de bien seraient bien vite transformés en animaux de mal, qui, eux aussi, se feraient une guerre acharnée et ne vivraient que de cadavres et de sang. La terre bouleversée réagirait sur tous les éléments, sur toutes les planètes et bientôt, en moins de temps qu'on ne croit, l'équilibre des eaux et de la terre ferme serait rompu. Des pluies

torrentielles feraient déborder tous les fleuves,
et comme il n'y aurait plus d'obstacles pour en
arrêter l'impétuosité meurtrière, tout serait noyé,
englouti, hommes, villes, champs, animaux, palais et chaumières. En moins de quarante jours
il ne resterait plus de trace d'un être humain, et
supposé que par hasard quelques hommes se sau-
veraient dans une arche, ils ne reconnaîtraient
plus, en sortant, ni leur patrie, ni leur village,
ni aucune partie de la terre habitée qu'ils avaient
vue. Là où il y avait des fleuves puissants, il n'y
aurait plus qu'un vaste désert. Là où il y avait
des montagnes, aux sommets éternellement couverts de neige, il n'y aurait plus que quelques
monticules ondulants à travers des vallées maré-
cageuses et couverts de pierres gigantesques et
erratiques. Des parties du monde entier en terre
ferme ne seraient plus que d'immenses lacs,
s'étant créé des issues dans des Océans que personne, avant la catastrophe, n'avait vus et sur
lesquels nul mortel n'avait encore navigué. Une
culbute générale ! Ce qui était au Nord serait au
Midi. Ce qui était en haut serait en bas et plus
nulle part une trace de l'histoire de l'homme.

Si aujourd'hui toute loi disparaissait par la corruption de la chair dans le monde entier et qu'il
n'y eût plus d'hommes de raison assez puissants
pour opposer la force de la justice aux passions
déréglées, aux folles convoitises des hommes
ignares et brutaux qui forment, hélas ! encore la
majorité des habitants de la terre, un nouveau déluge pourrait bouleverser la planète en moins

d'un siècle, malgré la promesse de l'arc-en-ciel de l'Écriture.

Promesse fallacieuse! car elle est contraire à la loi de Dieu. Si la loi intervenait entre la cause et l'effet, la liberté de l'homme n'au..ait aucune raison d'être et ne servirait à rien. Car si le mal fait par l'homme n'engendre pas d'effet malfaisant, le bien ne pourrait pas, à son tour, produire son effet bienfaisant. A quoi bon alors le discernement du bien et du mal? *Dès que l'homme, selon la figure légendaire de l'Écriture, avait goûté de l'arbre de la reconnaissance, en acquérant sa pleine liberté d'option entre le mal et le bien, l'arbre de la vie n'avait plus de raison d'être. Il est le fruit de la volonté de l'homme, et il faut que l'homme meure, car, sans la liberté de mourir, il n'y a pas de liberté du tout. La mort est le mot divin de toute liberté.*

Après cette catastrophe nous sommes sur un terrain plus solide et nous voyons, par les faits, que les peuples s'élèvent à mesure qu'ils s'approchent de la vérité et de la justice et qu'ils tombent dès qu'ils vivent dans les erreurs et les injustices. Nous verrons tout à l'heure en quoi consistent cette vérité et cette justice absolues.

Et tous les peuples sont solidaires les uns des autres, aussi bien que les différents climats et les différents éléments.

Et nous voyons, en outre, qu'il ne suffit pas que de grands hommes aient établi des lois de justice et de raison pour que les générations à

6.

venir puissent se reposer et s'abandonner au
doux *rien faire*.

Les devoirs des siècles sont toujours les mêmes
chez tous les peuples. Chaque génération a sa
mission et ses grands hommes. Si le peuple marche dans la voie tracée du bien, non-seulement
il avance toujours, mais il entraîne les autres à
la remorque et augmente la prospérité et la béatitude terrestre partout, car la paix est le résultat exclusif de la justice, et sans paix point de
bonheur pour l'homme, pas plus pour le vainqueur que pour le vaincu. Dès que ce peuple
s'arrête dans cette voie, dès qu'il recule, son
progrès, son bonheur, sa prospérité, tout disparaît en moins de cinquante ans, et, à moins qu'une
autre nation ne prenne, à son tour, l'initiative
de la raison et de la justice, ce peuple, rétrogra-
dant, entraîne plusieurs autres dans sa chute,
chute certaine, inévitable, qu'aucun pouvoir
divin ne peut arrêter ni adoucir.

Car il est dans la loi de la nature que le bon
peut devenir mauvais, mais que le mauvais, une
fois mauvais, ne redevient plus jamais bon, à
moins de disparaître comme corps, à moins d'a-
voir changé de forme, comme le fumier servant
à hâter le grain.

Une brebis galeuse donne la gale à tout un
troupeau; mais tout un troupeau de moutons
blancs ne guériront pas une brebis gangrenée;
il faut qu'elle disparaisse et se transforme. La
petite rivière d'Arve donne sa couleur de boue
au puissant Rhône bleu. Cinquante Rhônes n'ôte-

raient la couleur de boue à l'Arve, à moins de la
détruire, de la noyer dans leurs flots.

Pour que le bien soit possible et porte ses
fruits, il faut qu'il dévore le mal en le transfor-
mant par une lutte de tous les jours. *Toute ivraie
est fumier. Il ne s'agit que de l'arracher et de le
retourner.* Il en est de même des peuples. Pour
que les peuples de bien puissent jouir de leurs
fruits, il faut qu'ils atteignent les peuples de mal
et les retournent en guise de fumier. Ceux qui
prétendent qu'il suffit de faire le bien pour donner
l'exemple au mal, n'ont jamais eu une idée juste
de la nature. L'exemple du bien n'a aucune in-
fluence sur le mal, excepté par l'envie qu'il
éprouve de le détruire. L'homme du mal est méchant par principe. Il adore de faux dieux représentant des erreurs, au nom desquels il fait le
mal. Il est vrai qu'il s'est créé ses faux dieux lui-
même, mais on sait que tout menteur finit par
croire ses propres mensonges. Donc, si le bien
ne recommence pas toujours par la guerre au
mal, il est sûr d'être dévoré à son tour. La différence entre eux deux est entièrement dans la
manière de faire cette guerre. Le juste, l'homme
de bien, ne fait la guerre au mal que par la voie
de la justice dont la force n'est que l'humble servante, et cette justice est universellement éta-
blie par le consentement de tous les hommes de
bien. L'homme du mal, au contraire, n'agit qu'au
nom de la force brutale et ne fait la guerre que
par égoïsme.

Toute guerre qui a la domination ou l'intérêt

pour but est l'œuvre du mal. Les peuples du bien, quand ils font la guerre, apportent aux vaincus la liberté, la justice et la prospérité. Ils ne se les approprient ni ne se les assimilent sans leur libre consentement. Les peuples de mal font des conquêtes et profitent de la victoire pour extorquer des tributs et pour augmenter le nombre de leurs esclaves, afin de mieux satisfaire leurs vices. Tout devient mal dans la main d'un méchant. Dans la main de l'homme juste, au contraire, le mal réel est éloigné, retourné en engrais et à côté de lui germe, fleurit et mûrit la moisson d'or répandant l'abondance et la santé.

L'histoire connue des humains est, hélas! une série de faits procédant plutôt du mal que du bien. Mais dans cette histoire se trouve des points lumineux de vérité divine. Après des siècles de ténèbres et forcément de malheurs innénarrables, l'humanité, heureusement, se tourne toujours vers ces points dont les rayons, divergents au bout, convergent vers le centre de l'axe de la vérité et touchent à la loi resplendissante du Créateur même.

Depuis que cette vérité a paru dans l'histoire, il faut espérer que de longtemps nul cataclysme ne détruira plus entièrement le genre humain. Mais si un jour la chair devait corrompre sa voie générale et produire un aveuglement universel pour que nulle âme humaine n'entrevît plus cette vérité, ce jour même serait le dernier de tous les êtres vivants, et un nouveau déluge détruirait en peu de temps toutes les œuvres de bien de quatre mille ans. L'histoire serait à recommencer.

Mais il est temps d'expliquer quelle est cette vérité, mère de la justice, en vertu de laquelle seule l'univers existe et peut exister.

IX

Elle est universelle et reluit comme le soleil dans tous les pays et chez toutes les nations. Elle est simple et comprise par tous les êtres, probablement même des êtres privés de liberté. Elle est absolue, égale dans toutes ses parties comme Dieu lui-même dont elle émane. Elle est flagrante, car elle jaillit de tous les faits de la création et de l'histoire.

Nous avons déjà constaté que les êtres ne diffèrent pas les uns des autres par des classifications. Tous, sortant du même Créateur, sont de la même matière, pour ne pas dire de la même essence. Ils ne diffèrent les uns des autres que par la dose de force motrice qui constitue leur forme et leurs mouvements. Cette dose d'essence divine qui, chez l'homme, s'appelle *idée, lumière, raison*, se divise en parcelles plus ou moins considérables ou minimes, depuis le grain de sable jusqu'à l'homme de génie. Plus un être a de liberté, plus grande est la dose de force motrice que le Créateur, en la détachant de son essence, dépose dans sa créature. C'est pourquoi l'Écriture a dit que l'homme le mieux doué était créé à l'image de Dieu.

Cette essence qui dans l'homme fait image, n'est plus qu'un faible reflet dans l'animal intelligent et une ombre dans le végétal. Mais tous les êtres sont égaux par le commencement et la fin. Ils ont tous le même commencement et la même fin. Il n'y a donc pas de classification séparée dans la nature. Il y a une échelle des êtres dont chacun occupe le degré à lui assigné dans l'harmonie de l'ensemble, semblable à un orchestre. La timbale, certes, n'est pas l'égale absolue du violon, mais elle est son égale en tant qu'instrument et aussi nécessaire que le violon, sinon pour la mélodie, du moins pour l'harmonie.

Il est évident, pour tout œil qui sait regarder, que les êtres ont été créés les uns pour les autres, et que les êtres forts, si forts qu'ils soient, ne peuvent exister un jour sans les êtres faibles, d'où ils tirent leur existence même. Peu nous importe de savoir lesquels d'eux ont été créés les premiers, nous n'avons qu'à considérer les faits tels que la nature nous les présente.

La terre, les minéraux ne dureraient pas sans les végétaux ; mais les végétaux eux-mêmes ne sauraient exister sans les minéraux d'où ils tirent leur vie. Même proportion entre les végétaux et les animaux, les animaux et les humains. Que ces êtres aient été créés simultanément ou les uns après les autres, peu importe, ils sont absolument indispensables les uns aux autres.

Les végétaux ont plus de mouvement vital que les minéraux, les animaux en ont plus que les végétaux, les hommes en ont plus que les animaux; mais pour avoir plus de force motrice et de volonté, nul être ne se suffit et nul ne saurait vivre une minute sans les autres dont il tire la vie et la santé. Plus l'être monte dans l'échelle de la vie tellurique, plus il a besoin de la vie des êtres inférieurs, et comme ces êtres inférieurs, tels que nous les connaissons, ne pourraient pas vivre sans les devoirs accomplis des êtres supérieurs, il s'ensuit que le but principal d'un être, quel qu'il soit, est d'accomplir ce devoir de vivre pour autrui, afin de puiser dans ce devoir accompli même son droit d'existence et de bonheur.

Les êtres inférieurs sans liberté accomplissent toujours ces devoirs envers les êtres qui les entourent. Ils n'ont pas la liberté d'y manquer. Ils n'y manquent que quand l'homme, par sa liberté du mal, par sa défaillance, par ses vices et ses crimes, faillit et détruit les fruits qu'auraient produits les êtres inférieurs, qui, d'ailleurs, n'existeraient pas longtemps, si l'homme faillissait toujours à ses devoirs de vivre pour eux.

Tout sur la terre dépend de l'homme; mais pour peu que l'homme comprenne sa mission, tous les êtres se meuvent dans leur sphère de devoir et de bien et lui rendent au centuple le bien qu'ils ont reçu de lui.

Et non-seulement les êtres de différentes apparences et formes existent les uns pour les autres, mais encore les êtres de même essence et de même forme.

Les minéraux entre eux sont solidaires, de même les végétaux, les animaux, de même les humains. La force de ces êtres différents n'est point encore connue ni mesurée par l'homme. Il est probable qu'un diamant, quoique minéral, a une force de lumière intrinsèque plus grande que celle de nombre de végétaux et d'animaux. De même la fourmi ou l'abeille, si petite en dimension, contiennent une dose de force plus intelligente que beaucoup d'animaux d'un immense poids et d'une grande étendue. La petite violette pourrait bien avoir plus d'essence divine que le chêne ou le cèdre. Mais en tout cas, les êtres forts ou faibles vivent visiblement les uns pour les autres, et cette vie égalitaire, par la réciprocité du devoir et du droit, est le but de la nature.

Quelle que soit l'opinion des mortels sur le monde et ses habitants, qu'ils saisissent ou non l'idée du Créateur et de la créature, qu'ils soient aveugles pour toute lumière céleste, sourds pour toute vérité innée, ce qui saute aux yeux de tout être qui se meut librement et qui sait formuler une pensée en pleine liberté, *c'est qu'il y a une solidarité absolue entre tous les êtres sans distinction.*

Je n'ai point parlé des animaux et des végétaux malfaisants, quoique la solidarité universelle éclate encore mieux par la réaction qu'ils exercent visiblement sur les êtres qui l'entourent. Mais dans la loi de la nature, il n'y a pas d'animal malfaisant. Cet animal ne sort pas de la main du Créateur. Il est l'œuvre, il est l'effet de la cause créée par la défaillance de l'homme. Si la terre était partout cultivée d'après le climat et le sol, si les hommes vivaient libres en paix, si nul mortel ne songeait à priver son prochain de ses droits de liberté, qui ne sont que les droits d'épanouissement moral par le travail matériel, si chaque humain faisait ses devoirs d'après ses forces, de l'accomplissement desquels sortent naturellement les droits du prochain, il n'y aurait ni animal, ni végétal malfaisant, tous disparaîtraient en peu de temps, et ceux qui ne disparaîtraient pas se transformeraient en serviteurs utiles de l'homme par l'apprivoisement, l'homme n'étant leur maître qu'à condition d'en remplir tous ses devoirs.

L'animal n'est pas plus fait que l'homme pour être esclave. C'est un serviteur qui, maltraité et opprimé, se transforme en malfaiteur. Partout où il y a des esclaves, il y a des animaux et des végétaux malfaisants. Dès que les esclaves se transforment en citoyens par les devoirs accomplis des plus forts, les animaux malfaisants que la terre vengeresse a enfantés, ou disparaissent ou se transforment en serviteurs sans parole. Que si l'homme persévère dans le vice, dans la convoitise, l'avarice et la débauche, vices qui engendrent la guerre et l'esclavage, la terre non ou mal cultivée, car jamais esclave n'a bien cultivé la terre, produit des animaux venimeux et des végétaux vénéneux, et ces êtres, enfants du crime, réagissent sur leurs auteurs et les dévorent à qui mieux mieux. La solidarité est la même pour le mal que pour le bien.

L'effet visible et universel de cette solidarité, c'est l'*égalité*. Être solidaire, cela veut dire que le grand, dépendant du petit, s'abaisse vers son niveau, cela veut dire que le petit, vivant pour le grand, s'élève à sa hauteur. *Cette égalité est l'équation de la justice*. Elle jaillit précisément de l'inégalité des êtres, comme l'harmonie est une équation absorbante des dissonances.

Dieu ne serait pas, il ne pourrait être ni pensé, ni imaginé, ni articulé, s'il n'était pas la *justice universelle*, partout où il y a un phénomène dans une planète quelconque. Rien de ce qui est créé ne peut l'être par l'injustice, ou il n'y aurait pas de Créateur. Il faut absolument que tout soit comme il est, et que ce qui est soit le résultat de la justice, non ce qui est par l'œuvre de l'homme, car l'homme a la liberté d'être injuste et de créer le mal, mais il n'a ce pouvoir qu'à ses dépens et qu'à la condition d'en subir les effets désastreux.

L'homme, ayant été créé, il n'a pu être créé ni plus libre ni plus juste. Il ne saurait être l'égal de son Créateur, attendu *que nulle force, fût-elle autonome, ne saurait créer une autre force égale à elle*. Nous développerons cette vérité plus tard et nous en tirerons toutes les conséquences. Pour le moment, restons sur l'égalité universelle, adéquate à la solidarité qui est visiblement le but harmonieux de la création et des êtres à nous connus, non-seulement égalité produite par tous les êtres inégaux de la même force, mais égalité produite par tous les êtres sans exception. Cette égalité qui est réelle dans la nature, malgré les perturbations de l'homme et de son œuvre de mal, est en même temps l'idéal du monde social et moral qui, lui aussi, est l'égal du monde physique.

Il n'y a pas, il ne peut pas y avoir deux buts différents dans les êtres connus : l'*égalité*, qui n'est autre que la justice, étant le but de la solidarité des êtres du monde physique, l'est forcément du monde moral, n'importe sous quelle forme il se manifeste. Et, à vrai dire, il n'y a ni deux mondes, ni deux corps, ni deux sciences dans la création. Il n'y a pas plus d'âme sans corps que de corps sans âme. Il n'y a pas de métaphysique en dehors des lois de la physique, pas plus qu'il n'y a de physique sans métaphysique. La morale est aussi carrée, aussi palpable, aussi inébranlable qu'une vérité géométrique et algébrique, ou elle n'est pas. Il n'y a dans l'univers entier et dans tous les êtres, quel que soit le degré de force de leur forme et de leur âme, qu'une seule et unique Loi, et cette loi est forcément celle du Créateur, sous n'importe quel mot on le désigne.

Voyons maintenant l'égalité sociale par la justice, c'est-à-dire par l'harmonie consonnante des inégalités dissonantes.

X

Les hommes sont inégaux entr'eux, comme tous les êtres, par la force physique autant que par la force spirituelle. Les inégalités des êtres sans liberté s'harmonisent et s'égalisent par l'accomplissement forcé des devoirs de chaque être. L'homme seul, ayant la liberté de manquer à ses devoirs, peut élargir l'abîme des inégalités ou le combler selon sa volonté du bien ou du mal. Son bonheur durable dépend donc de l'aspiration à égaliser les forces du faible par les devoirs accomplis du fort. S'il manque à ce devoir, il ne le fait pas impunément, car, comme chez tous les êtres, en vertu de la loi de la solidarité, au bout de quelque temps de vie sociale inégale, sacrifiant les moins bien doués au mieux doués, les maladies morales qui éclatent dans les parties opprimées et abusées saisissent les parties oppressives et abusives et les rendent aussi malheureuses que les plus malheureux des petits, des pauvres et des esclaves. La solidarité-égalité, qui trouve son représentant dans la justice, s'établit toujours, sinon dans le bien, du moins dans le mal. L'homme ne peut rien contre cette solidarité niveleuse et égalisatrice ; car c'est une loi divine se manifestant dans la nature. Tout son pouvoir consiste en ceci. Il peut, par la loi du devoir, transformer la solidarité égalisatrice du mal en solidarité du bien. Ou tous les hommes trouveront les éléments de bonheur dans leur liberté du bien, dans l'épanouissement de leur travail, selon le degré de leurs aptitudes, ou tous seront tôt ou tard malheureux. Il n'y a pas de milieu. Quand le fort par la loi fait son devoir, quand le faible, protégé par cette loi, jouit de son droit, la société humaine atteint rapidement un degré de paix et de bonheur universel. Les maladies même qui causent à l'homme la plus grande somme de douleurs et de privations de jouissance, disparaîtront en peu de temps, car la maladie n'est pas dans la loi de la nature, elle provient des excès de jouissance contraires à la nature, ou des corruptions d'éléments qui sont le résultat des manquements de devoir de l'homme. Dès que le fort n'est plus forcé par la loi d'accomplir son devoir et que par ce fait le faible est privé de ses droits, la société, d'inégalités en inégalités, se manifestant par des guerres, des conquêtes, des vices et des crimes, tombe en peu d'années dans un abîme où tous deviendront les égaux solidaires du mal et de ses malédictions. Et nulle fuite possible ! Il ne faut pas que tout malfaiteur soit puni immédiatement après la perpétration du crime, excepté par la justice des hommes. Outre que le temps, qui est le justicier de la nature, donne toujours des avertissements pour engager les malfaiteurs à revenir au bien,

7.

la loi de la solidarité s'oppose à ce que chaque criminel soit puni seul et immédiatement, par un pouvoir supérieur et surnaturel. Si chaque criminel était puni à la face du soleil et du peuple, immédiatement après son crime, nul ne lui ferait opposition. Chacun dirait : cela ne me regarde pas. Il a fait du tort à mon prochain, demain, il recevra son châtiment. Le criminel lui-même ne s'épouvanterait pas de ce châtiment certain, pas plus qu'un assassin ne recule devant la hache qu'il sait destinée à lui ôter la vie. Il dit : *courte et bonne*, et il volera, violera, dolera. La vengeance, elle aussi, ne craint pas le châtiment. Pour abhorrer le crime et pour empêcher l'homme de devenir criminel, il faut qu'en vertu de la loi de la solidarité, tout homme sache que tout crime toléré, inexpié ou impuni, retombe sur lui et ses enfants, sinon tout de suite, du moins quand le temps, après l'avoir couvé, en aura fait sortir les effets vengeurs et désastreux. Par cette loi seule les hommes s'associent contre le crime et le criminel. Le criminel lui-même a beau se vanter de l'impunité de son crime, outre sa conscience, qui lui donne des démentis continuels, la société, sachant que le crime d'un de ses membres, ne pouvant être annihilé par le pardon, tombera forcément sur elle, non-seulement ne lui pardonnera pas, mais prendra toutes les mesures préventives contre lui, dût-il être le plus fort, et fût-il soutenu par la majorité de sa nation. Si, d'ailleurs, elle est impuissante à le courber sous sa loi, si le criminel, par sa prospérité apparente, arrive à faire accroire à la société qu'il n'y a ni loi suprême, ni justice, ni égalité, ni solidarité, l'illusion ne sera pas de longue durée. Elle ne durera pas vingt ans. L'histoire en fait foi. Avant vingt ans, et après deux ou trois avertissements, l'égalité du malheur fond comme la foudre sur tous, sur ceux, surtout, qui ont toléré ces crimes, et la loi suprême de la solidarité s'établit, comme par un coup de baguette, en une heure, quelquefois en une minute. C'est à ce sujet que le philosophe et grand penseur Isaïe a dit à son peuple criminel : « Vous vous bouchez les oreilles; mais le coup qui va vous frapper fera tinter les oreilles des habitants de toute la terre. » Et sa prédiction, basée sur les lois de la nature, s'est accomplie au bout de quelques années.

La marche de la barbarie vers la civilisation, ou plutôt vers l'humanisation, se manifeste et se maintient par la justice solidaire, égalisant les inégalités sociales. De même le recul de la civilisation vers la barbarie s'indique par le retour aux inégalités par l'iniquité et le privilége. Il n'y pas d'autre diagnostic moral dans l'histoire. Ce progrès et ce recul ne sont nullement forcés; ils dépendent tous deux de la liberté et des efforts de l'homme social. Souvent, pendant qu'une nation marche dans la voie du bien, grâce à un grand législateur, une autre, abandonnée ou mal conduite par un despote qui l'aveugle de fausse gloire, recule jusqu'en pleine barbarie, non sans payer de son sang ces erreurs et ces reculades.

XI

La première des injustices sociales que l'antiquité barbare nous montre est la polygamie.
Par la polygamie, les puissants et les riches en-
levaient le plus grand nombre de jeunes et jolies
femmes, et ne laissaient guère aux pauvres
que les laides et les vieilles. Outre qu'ils privaient
le pauvre de son droit naturel à l'amour et au
bonheur domestique, il fallait encore maintenir
les femmes en esclavage, car aucune femme libre, ayant la valeur de sa dignité personnelle,
n'eût admis le partage d'un homme, d'un mari,
d'un père de ses enfants. Pour tenir les femmes
dans l'esclavage, il fallait que les hommes qui les
gardaient fussent empêchés de devenir leurs
complices. Il fallait donc les mutiler. Pour avoir
des eunuques, il fallait voler de jeunes garçons
par centaines de mille, ou les enlever aux pères
en esclavage, car pour dix mille garçons mutilés
qui survivent, quatre-vingt mille meurent sous
d'atroces souffrances.

Cet état de choses privait la société qui l'admettait de deux tiers de ses forces morales et
physiques, autant en hommes qu'en femmes.
Ceux qui travaillaient forcément ne donnaient,
en outre, pas la moitié de leurs forces. En peu

de temps, les pays habités par ces sociétés ne rendaient plus la moitié de leurs produits. Une bonne partie se transforma en désert, l'autre partie enfantait des bêtes fauves, des reptiles et des oiseaux de proie, et comme tous les êtres sont solidaires, les quelques hommes maîtres qui ne travaillaient pas, ou qui, dans leur orgueil, tenaient le travail pour abject et déshonorant, firent la guerre à d'autres peuples travailleurs, pour les dépouiller du fruit de leur travail et pour les rendre esclaves, afin de s'emparer de leurs femmes et de leurs filles, comme instruments de plaisirs, et de leurs fils pour outils d'asservissement et complices de crimes. Et comme tout tyran est lui-même attaché par un bout à la chaîne de son esclave, ces hommes, poussés de guerre en guerre, n'ont pas eu eux-mêmes un jour de bonheur et de paix, et succombaient misérablement, en subissant la même loi inique qu'ils avaient inventée pour d'autres. Aussi, tous les grands législateurs, inspirés par la raison divine, ont-ils cherché à revenir à la loi de la nature et à l'imposer à leurs peuples. La monogamie est la première de ces lois. La monogamie, non-seulement rend à la femme toute sa liberté, toute sa dignité, mais la rend capable de remplir tous ses devoirs par la vertu, devoirs dont jaillissent bon nombre de droits sociaux. Ce n'était pas chose facile, car la convoitise est une des plus puissantes passions de l'homme. Elle aveugle plus que toute autre sa raison. La monogamie abolit en même temps, en le rendant inu-

tile, cet abject crime de mutilation de l'homme.
La monogamie rend à la société toutes ses forces
et toutes ses libertés, à condition qu'elle soit parfaite. La monogamie, en un mot, *égalise les inégalités de forces entre les deux sexes par la solidarité de la justice.* La monogamie donne à la
société juste la population qu'il lui faut pour
son sol, et la rend forte et saine ; elle prolonge
enfin la vie générale de l'homme et de la femme
de plus de trente ans.

L'histoire prouve combien il était difficile aux
hommes d'introduire et de maintenir la monogamie. Moïse, le législateur qui, le premier, a pénétré la loi divine de la nature, et qui, le premier parmi tous les grands hommes de l'antiquité, en a établi les vertus, — c'est lui qui a dit
le premier : l'homme s'attache à sa femme et devient avec elle une seule chair, — n'a pas pu l'introduire entièrement. Il se contente de limiter la
polygamie et de faire des lois à la rendre presque
impossible. Il défend les mariages consanguins,
il proscrit la prostitution sous peine de mort ; il
donne à l'esclave séduite les droits d'épouse ; il
prescrit au mari des devoirs conjugaux à rendre
toute polygamie à la longue impossible. Lui-
même n'a jamais eu que deux femmes, l'une
après la mort de l'autre. Il abolit le droit d'aî-
nesse et admet les filles uniques à l'héritage; il
punit de mort l'homme adultère comme la femme
adultère ; mais la polygamie était tellement invé-
térée chez les peuples d'Orient, que la loi de
Moïse y a échoué. Sous le second temple seule-

ment, la monogamie se manifeste comme une loi de sainteté, et le christianisme judaïsant l'a prise des Esséniens et des Thérapeutes. C'était un immense progrès vers la loi de la nature, mais cette phase progressive n'a pas duré longtemps, car la monogamie va de front avec l'émancipation de la femme. Elle est impossible avec la femme esclave ou servante. Elle est impossible encore avec le célibat forcé de l'homme ou de la femme, sous n'importe quel prétexte. Tout célibat n'est que de la prostitution, et la monogamie est incompatible avec la prostitution. La loi de la nature est la loi de Dieu, car tout ce que le Créateur a créé, porte son empreinte et se meut en vertu de sa loi. L'amour est la première des lois divines ; c'est par l'amour, déposé par Dieu dans chaque corps, que la nature se renouvelle continuellement, sans l'intervention perpétuelle et individuelle du Créateur. Croire plaire à Dieu en renonçant à l'amour, est la plus dangereuse des erreurs. Pour la femme, ce n'est souvent qu'un prétexte de paresse et de couardise, parfois de paillardise ; pour l'homme, un lâche recul devant les devoirs de mari, de père et de citoyen travailleur. Le couvent, qui est un fléau, ne prend naissance que dans une société barbare, où nul n'est sûr ni de son travail, ni de sa liberté, ni du bien-être de ses enfants, ni de sa propre existence. C'est une excroissance sortie d'un cancer social. Loin de guérir, il indique l'exaspération du mal, l'approche de la tyrannie et de l'égalisation du mal par la justice solidaire.

XII

La polygamie est un crime social et une violation de la loi naturelle ; mais ses effets désastreux sont moins violents, moins immédiats que
ceux qui résultent de la polyandrie, mot que
nous remplaçons par la prostitution. Les effets
malfaisants de la polygamie sont limités par la
nature de l'homme. La polygamie n'est, en réalité, que la prostitution de l'homme, comme la
polyandrie n'est que la prostitution de la femme.
Or, par la loi des sexes, l'homme est limité dans
ses forces prostituantes, tandis que la femme ne
l'est pas. La femme peut se prostituer pendant
des années, l'homme ne le peut sous peine de
périr.

La prostitution de l'homme est un manquement
au devoir, qui prive la femme de ses droits
d'amour, mais les effets désastreux se font moins
sentir pour l'enfant et la population que ceux de
la polyandrie, la prostitution et l'adultère de la
femme, car l'adultère n'est, en réalité, qu'un
acte de prostitution sous la catégorie de polygamie ou de polyandrie. La femme polyandre,

non-seulement se stérilise en peu de temps et ne peut plus être mère, mais par sa force illimitée elle dévore les forces génératrices d'une centaine d'hommes. Elle les dévirilise, et réagissant par les excès du corps sur le cerveau, elle crétinise la jeunesse masculine et la rend inapte aux travaux matériels, ainsi qu'aux grands efforts intellectuels. De là vient que des peuples polygamistes ont vaincu sans beaucoup d'efforts des peuples où régnait et trônait la prostituée. Les sept peuples Chananéens étaient de ce nombre. Ils étaient dévorés par la polyandrie et par conséquent par l'idolâtrie et tous les mensonges meurtriers d'une superstition miraculeuse. Toute femme polyandre devient superstitieuse et bigote. Elle est toujours idolâtre, car elle se crée un Dieu pour l'usage de ses vices. De là vient aussi que les grands législateurs ont tous fait des lois draconniennes contre la prostituée, même ceux qui ont toléré la polygamie. Un pays polygame peut encore se soutenir pendant quelque temps; un pays polyandre, au bout de trois générations, est dévoré par des dissensions intérieures, la raison générale s'étant affaiblie, et par un ennemi extérieur, la jeunesse vieillie avant l'âge, n'ayant plus la force, ni la volonté de se battre et de se défendre à outrance.

C'est pourquoi, aujourd'hui même, la monogamie, en Europe, n'est qu'un simulacre au lieu d'une vérité, car la polygamie chrétienne existe toujours par la prostitution, et quant à la polyandrie de la femme, elle est tolérée partout et légalisée en France, sans compter les autres vices contre nature qu'elle a créés et qu'elle provoque, tous contribuant à la diminution de la population et aux malheurs des peuples par des guerres civiles et étrangères. Les hommes qui n'ont aucune notion de la vérité et de la loi de la nature appellent cela sottement un mal nécessaire. Or, il n'y a pas de mal nécessaire. Seulement, d'un mal toléré et non combattu sortent nécessairement d'autres maux plus grands. La prostitution est contraire à la loi de la nature, car, dans la nature, l'amour c'est l'enfant. La prostitution le détruit. Dans la nature, l'amour c'est la santé ; la prostitution la détruit pour des générations. Les hommes cherchent le progrès dans des remèdes contre ces maladies. Si le Créateur avait voulu qu'il y eût des remèdes contre les maladies provenant de la prostitution, il les eût mis à la portée de tous, et point ne serait besoin de les chercher sans les trouver. Non-seulement il n'existe pas de remède contre des maladies mortelles, provenant des transgressions aux lois de la nature, *mais il ne faut pas qu'il en existe. Il n'y en aura jamais !* Le soi-disant remède est pire que le mal. Pour forcer les hommes à vivre d'après les lois de la nature, il faut, au contraire, que les effets de l'infraction à ces lois soient terribles pour des séries de générations. S'il y avait des remèdes certains contre les infractions des lois d'amour, il n'y aurait bientôt plus un enfant, nulle femme ne voudrait enfanter, nul homme ne voudrait plus engendrer et, sans père, la mère tuerait ses enfants dans les entrailles. Ces maladies sont les chérubins aux glaives flamboyants et vengeurs, qui gardent la société humaine dans la voie de la nature. Elles sont tellement solidaires, qu'une seule infraction suffit parfois pour vouer trois et quatre générations de familles à une mort précoce, précédée d'atroces souffrances.

La complète abolition de la prostitution, qui seule peut établir la monogamie universelle, n'est possible qu'avec les autres lois d'égalisation solidaire, car les lois de progrès sont parallèles.

Quand tous les hommes se marieront, pour assurer aux femmes leurs droits d'amour, quand tous les hommes et toutes les femmes · de bien auront leur vieillesse assurée, quand tous les enfants trouveront une instruction gratuite, quand toutes les infirmités seront sûres de trouver des hospices et des soulagements, alors on pourra faire des lois contre la prostitution, comme on en fait contre le vol et l'assassinat. On ne l'abolira pas entièrement, mais elle sera considérée comme le premier des crimes. Car le premier devoir de la femme libre est de conserver ses forces pour la famille, la cité et la patrie. Dans l'état actuel de la société, qui n'a pas dépassé la première étape vers la loi de la nature, il faudrait, pour combattre la prostitution, forcer tout homme à renoncer au célibat, car la nature crée autant d'hommes que de femmes, et pour que toute femme fût admise à ses droits d'amour, il faudrait que tout homme, dès sa virilité civile et politique, fût forcé de se marier, et ne pût jamais être le complice de la prostitution, sous aucun prétexte. Tout droit du faible présuppose un devoir accompli du fort. Si l'homme ne se marie pas, la femme ne jouit pas de ses droits comme épouse et mère. Et ce droit lui est aussi nécessaire que l'air à respirer. Deux tiers des vierges forcées meurent avant l'âge du retour. Étant privée de ce droit par le manquement au devoir de l'homme, la prostituée proteste violemment et se venge, et toute vengeance est un glaive à double tranchant. Elle détruit l'homme et le prive de ses droits, parce que selon la loi, quiconque manque à ses devoirs perd ses droits. C'est d'elle que jaillit la corruption de l'État. Elle tue la population, elle dévirilise et affaiblit l'homme avant l'âge. Elle dépouille la société de tout sentiment de devoir, elle tue la famille, arrache l'époux à l'épousée, et étouffe à la longue tout dévouement, tout sacrifice à l'idéal et à la patrie. Elle livre enfin le pays à la guerre civile et étrangère, guerre qui ne s'arrête que par l'extinction des combattants.

Le divorce, loin d'être un obstacle à la monogamie, en est le soutien naturel. Sans divorce la monogamie n'est pas possible. Mais il ne doit être prononcé que par suite d'adultère ou par le consentement mutuel des conjoints.

La monogamie forcée par l'abolition de la prostitution, est une égalisation solidaire entre les forts et les faibles, les riches et les pauvres.

Si l'homme est forcé d'être monogame, la femme sera aisément monoandre. Si le riche, l'homme de pouvoir, est frappé dès qu'il viole la loi de la monogamie, le citoyen, le pauvre, ne songera jamais à violer cette loi. C'est la paix dans la société et c'est la prospérité, car la prostitution ôte à la société un tiers de ses forces. Les prostitués non-seulement ne travaillent pas, mais ils dévorent et détruisent les fruits des travaux des autres, fruits qui à eux seuls suffiraient pour combler les abîmes d'inégalités, qui séparent les forts des faibles et les riches des pauvres.

XIII

La même idée d'égalisation solidaire a prévalu, soit d'instinct, soit par mûre réflexion par rapport aux riches et aux pauvres. C'est surtout à l'égard de la fortune et du travail que l'on réconnaît dans l'histoire l'état de barbarie ou de civilisation de chaque nation. L'antiquité païenne, en général, nage en pleine barbarie. Partout il y avait des esclaves dont le travail ne profitait qu'aux maîtres, et partout le travail était considéré comme abject. L'homme libre ne travaillait pas. Il ne faisait que s'exercer dans l'art de la guerre, pour faire des esclaves ou pour s'approprier les fruits du travail de son ennemi vaincu. Ce n'est pas que des législateurs païens n'aient pas eu une vague idée de la charité envers le pauvre. Solon a aboli toutes les dettes dues aux riches. Les Gracques ont lutté en faveur du droit des déshérités, mais en admettant l'esclavage, qui n'est autre que le travail du faible confisqué au profit du fort, ils ne purent pas eux-mêmes arriver jusqu'à la vérité du principe d'égalité. A vrai dire, ils n'en ont pas eu l'idée. C'est l'éternelle supériorité de Moïse sur tous les législateurs du monde, d'avoir fait de cette égalité la base de sa législation. Non-seulement il a aboli l'esclavage pour les enfants de sa nation ; non-seulement il a réhabilité la noblesse du travail, en disant au citoyen : « *Six jours tu travailleras,* » *mais le septième jour tu te reposeras, toi, ton* » *serviteur, ta servante, ton bœuf, ton cheval et ton* » *âne,* » ce qui est une véritable égalisation des conditions sociales ; non-seulement il a commandé la charité en disant : « Tu ne regarderas pas à l'argent, tu ouvriras large ta main au pauvre qui a besoin de toi, » mais la charité volontaire ne lui a point suffi, et elle ne suffira jamais nulle part. Il a ordonné au riche de donner tous les ans le dixième de son revenu aux pauvres, et il a chargé l'État de la rétribution. De plus il a ordonné que toute septième année fût une année de friche, et que les fruits de cette année fussent abandonnés aux pauvres et aux bêtes. Si l'on ajoute à cela que l'impôt était égal pour tous, un sicle par tête, afin que le pauvre fût

égal pour tous les droits de citoyen au riche; si
l'on considère que le pauvre n'était absolument
exclu d'aucune fonction, et que le riche comme
le pauvre était tenu au service militaire, depuis
l'âge de vingt jusqu'à soixante ans; si enfin on
considère que le pauvre faisait partie du jury,
aussi bien que le riche, et qu'il pouvait être président de la république, tout aussi bien que le
plus riche des citoyens, on se convaincra que
Moïse, il y a trois mille ans, a eu l'idée la plus
nette et la plus juste de la civilisation. Même
pour les femmes, la législation de Moïse a suivi
le principe d'égalité, et c'est chez les Hébreux
seuls que nous trouvons une femme, *Déborah*,
présidente de la République.

On trouve dans le Deutéronome et dans l'Évan-
gile les mots suivants : « Car il y aura toujours
des pauvres. » Ces mots ont donné lieu à des
discussions interminables. Il est des idéalistes
qui prétendent que le but de la civilisation est
d'abolir toute pauvreté. Jésus, qui a aimé les
pauvres par dessus tout, a proclamé le *communisme*. Il ne l'avait pas inventé. Il existait vir-
tuellement chez les Esséniens et les Thérapeutes.
Philon nous a, à ce sujet, donné des renseigne-
ments irréfragables. Les Anabaptistes, au xvie
siècle, ont cru que le vrai christianisme consistait
dans la *communauté des biens*. Pour eux, elle est
la base fondamentale de la doctrine chrétienne.
Ils tenaient pour un païen et pour un profane
quiconque n'admettait pas cette communauté des
biens, l'idéal du christianisme. Certes, si la com-

munauté des biens était possible et conforme à la
loi de la nature, il n'y aurait bientôt plus de pauvres proprement dits, et ceux qui ont dit : « Le
pauvre ne cessera pas d'exister dans le pays, »
eussent été en arrière de l'idéal égalitaire de
l'Evangile. Mais quand on étudie bien la loi de la
nature, sur laquelle toute société se modèle, on
se convaincra facilement que la communauté des
biens, non-seulement est contraire à cette loi,
qu'aucun état social n'est possible avec elle, mais
qu'elle est, à elle seule, le retour vers la barbarie la plus sauvage, et que le pays dans lequel
elle s'établit, loin de progresser vers la prospérité, recule jusqu'à l'ensauvagement et la stérilisation complète de la terre.

D'après les lois de la nature, les hommes quoi-
qu'égaux par l'extraction et la mort, sont tous
sans exception inégaux par les aptitudes, la force
et l'esprit. Il est bien dans la nature de l'homme
de ne jamais travailler exclusivement pour soi,
à une seule condition : *A la condition d'être libre.*
La liberté étant la seule distinction que le Créateur ait octroyée à l'homme sur toutes les autres
créatures, l'homme ne fait rien de bien sans elle.
Elle est l'alpha et l'oméga de la vie humaine, car
elle est le cachet divin que l'homme porte sur soi
et qu'il met en toutes ses actions. Sans liberté
l'homme n'est qu'une brute, moins qu'une brute.
Or, le communisme ravit au travailleur sa liberté
de bien. Qu'il travaille pour autrui, l'homme ne
demande pas mieux ; car par ce travail volontaire,
l'homme glorifie son Créateur qui l'a créé roi de

la terre par la liberté. C'est pourquoi la charité n'a jamais été prêchée que pour la glorification de Dieu et pour l'idéal de la vie humaine. Otez la liberté au travail pour autrui, et l'homme ne travaillera plus. Le plus fort ne travaillera pas plus que le plus faible. C'est donc l'anéantissement de toutes les forces et des meilleures de la société. Des couvents communistes peuvent à la rigueur exister dans une société où le travail est libre. Encore contribuent-ils largement à la fainéantise générale et à la stérilisation du sol. Mais qu'une nation entière mène une vie conventuelle et communautaire, avant un siècle, il n'y aura plus ni travail, ni sol, ni fruit, et la société sera dévorée par une affreuse guerre civile.

Mais point n'est besoin d'un demi-siècle pour détruire une société communiste. Elle périt bien vite par la question de la femme. Les communistes juifs d'avant Jésus-Christ ont sagement exclu la femme de leur communauté, car là où la femme est admise, nulle communauté ne durera dix années sans dégénérer en guerre. En effet, dès que les biens sont en commun, les femmes, qui sont le meilleur et le plus grand bien de la vie, deviennent *communes*. On commencera par la polygamie. Cela ne suffira pas. On peut partager les vivres et les boissons entre différents travailleurs, mais comment partager les femmes? Qui aura les belles et qui aura les laides ? Qui aura les fécondes et qui aura les stériles? On se les partagera donc, c'est-à-dire on arrivera à la *promiscuité*. Or, dès que la polygamio s'introduit quelque part, à moins d'enfermer les femmes, dé les rendre esclaves et de les faire garder par des eunuques, ces mêmes femmes réclameront le droit de polyandrie, car avec la communauté des biens, les femmes ou travaillent toutes ou nulle d'elles ne travaille. Avec la polyandrie, c'est la guerre civile en permanence, et à la suite le despotisme le plus tyrannique. On n'à qu'à lire l'histoire de Munster dans *Ma guerre des Anabaptistes*, et l'on verra qu'on a été forcé, au bout de dix-huit mois, de décapiter les femmes les plus remarquables pour avoir refusé le droit conjugal à leurs maris polygames, et pour avoir réclamé le droit d'avoir plusieurs maris à leur convenance. Ne les eût-on pas mises à mort, dans cet état social, la femme eût été bien vite stérilisée et l'homme dévirilisé. En moins de trente ans la population se serait arrêtée, la terre n'eût plus été cultivée, et si la société humaine suivait ce principe, un nouveau déluge bouleverserait le globe en moins d'un siècle. Ce sont, du reste, les femmes qui toujours les premières se révoltent contre la communauté des biens. Elles sentent que ce sont elles qui en sont les premières victimes et que cette communauté leur ôte la première dignité divine, la liberté de l'épouse et de la mère, la liberté de vivre selon le devoir dicté par la loi de la nature.

La communauté des biens prêchée par Jésus, étant contraire aux lois de la nature, voyons quels sont les moyens pour arriver à l'idéal de l'égalisation sociale entre le riche et le pauvre, sans arrêter l'essor de l'humanité et le progrès qui résulte du travail libre.

« *Car il y aura toujours des pauvres sur la terre.* » Le pauvre valide est un homme qui consomme trois fois plus qu'il ne produit, soit qu'il s'abandonne à des vices, soit qu'il compromette sa fortune par des spéculations, soit que son appétit de manger, trois fois plus fort que son travail, dévore tout. Le pauvre comme le riche a sa liberté, mais il ne l'emploie pas de la même manière.

Le riche valide est un homme qui produit trois fois plus qu'il ne consomme, soit par sa sobriété, sa modération dans ses passions, soit que sa force physique ou morale soit trois fois plus productive que ses besoins. Il est libre comme le pauvre, mais il en fait un meilleur usage. Le pauvre valide est toujours un homme qui a abusé de sa liberté. Si mal donc que soit un homme, il a la liberté du bien et l'instinct du juste. S'il veut devenir malheureux, par le vice, libre à lui. Il avait toute sa liberté, seul cachet de la supériorité d'homme. Il ne s'agit donc que du pauvre invalide et infirme.

Nous n'avons pas à rechercher pourquoi il est des hommes qui naissent avec ces dispositions. C'est un état naturel indéniable, et l'histoire prouve qu'il existe chez toutes les nations, dans n'importe quelles conditions ou quel climat.

Le mouton pourrait aussi bien se plaindre de n'être pas cheval, que le cheval de n'être pas éléphant, que l'éléphant de n'être pas baleine.

Nul n'a la liberté de ne pas naître ce qu'il est. L'homme se tuerait, il ne sait pas s'il ne renaît pas dans un degré inférieur à celui qu'il a quitté.

C'est du devoir du fort et de l'homme bien doué de combler, par la liberté, ces lacunes d'inégalité.

Moïse a donc ordonné aux riches de sa nation, outre la charité individuelle et volontaire, de s'imposer pour un dixième de revenu et de la septième année de friche pour procurer aux pauvres involontaires les moyens de vivre et de remplir leurs devoirs de citoyen, car le pauvre n'était exclu d'aucun droit.

Est-ce à dire que cette dîme ait contribué à la paresse du pauvre! Nullement. Le travail était obligatoire, de même le service militaire. Cette dîme était destinée aux malades, aux enfants, aux vieillards et aux lévites enseignants sans propriété.

La dîme forcée était en même temps un remède national contre les riches qui ne travaillaient pas, et qui auraient préféré vivre dans la paresse, par la fortune léguée de leurs pères.

Comme l'usure était absolument interdite, comme nul ne pouvait vivre de son capital sans travailler, un riche qui n'aurait pas travaillé, *grâce à l'impôt de la dîme*, eût été ruiné en quelques années. La dîme forcée, non-seulement élevait le pauvre travailleur vers le riche, mais encore abaissait le riche paresseux vers le pauvre.

L'idéal de ce grand législateur était donc l'*éga-*

lisation par la solidarité, et c'est encore l'idéal de tous les grands hommes de cœur et de raison.

Certes, la société actuelle, depuis qu'elle agit au nom de la raison, a créé de grands établissements de charité pour les malades, les infirmes et les enfants. Mais elle n'est encore qu'à la première étape de l'égalisation solidaire. L'humanité n'aura pas un jour de repos, si elle ne procède pas hardiment à atteindre cet idéal d'égalisation solidaire.

Si grande que soit la prospérié d'une nation, le salaire suit le mouvement du prix de l'argent et des vivres. Il y aura donc toujours des pauvres. Il y a plus. Par l'intérêt de l'argent, qui se transmet de père en fils, *le riche augmente sa fortune sans travailler, soit qu'il ne consomme pas ce que son argent produit, soit qu'il exploite avec son argent le travail du pauvre.*

La soi-disant société chrétienne qui prétend reposer sur la charité est tout près de la barbarie et à d'énormes distances de l'idéal de Moïse, qui est loin d'avoir dit le dernier mot de la civilisation.

Non-seulement l'enfant du pauvre doit recevoir gratis de l'instruction et un état pour développer librement son travail, mais tout homme, toute femme, qui a payé sa dette librement à la société et qui a donné toute sa force pour travailler honnêtement, doit avoir sa vieillesse assurée.

Car c'est un des grands priviléges de la richesse. Le riche n'a pas plus de santé que le pauvre. Le pauvre peut jouir de ses droits d'amour,

9

comme le riche, avec la monogamie et l'abolition de la prostitution. Si l'instruction est gratuite, l'enfant doué du pauvre dépassera bien vite
l'enfant moins bien doué du riche. Seule, la vieillesse riche l'emporterait sur la vieillesse pauvre.
Sans soucis et sans travailler, elle a de quoi finir
ses jours dans la contemplation et souvent dans
le bien fait à autrui. Cette absence de certitude
pour le pauvre est un cancer qui ronge toute sa
vie matérielle et morale. C'est pour amasser
quelque bien pour sa vieillesse que le pauvre le
plus honnête est disposé et excité à la fraude, et
que, parfois, il tombe dans le crime. C'est cette
éternelle épée de Damoclès levée au-dessus du
travail du pauvre, qui le pousse vers les séditions
et la révolte contre l'état de choses, et non sans
raison. Le pauvre ne voit aucune raison pourquoi il est des riches fainéants, vivant du travail
de leurs ancêtres, ne travaillant pas eux-mêmes,
et dont quelques-uns s'enrichissent encore par
le travail des pauvres, rien que par leur capital.
Vous aurez beau imprimer livre sur livre, pro-
noncer discours sur discours, créer gendarme
sur gendarme, la force s'use toujours contre la
raison et le droit. Tôt ou tard, les riches ne trouveront plus de gendarmes. Si la force seule
gouverne, il faut à la fin pour chaque homme un
gardien et, comme les pauvres seront toujours
en majorité, ils se révolteront toujours, et comme
les pauvres de leur nature ont peu de raison, ils
tomberont d'abord dans l'anarchie et de l'a-
narchie au despotisme. Entre les deux, la ci-

vilisation disparaît, et le progrès avec elle.

L'impôt sur le riche, pour établir un fonds, afin que tout vieillard ait de quoi finir paisiblement sa vie, *est donc de première nécessité sociale*. On a bien trouvé des fonds pour les hospices et les écoles, on en trouvera également et facilement *pour l'établissement des invalides civils*. Cinquante années de paix assurée centupleront la fortune de l'Europe.

Alors, on verra un phénomène social dont on voit déjà poindre les commencements, qui n'a pas encore eu d'exemple dans l'histoire à nous connue. L'argent, signe de la richesse, deviendra si abondant qu'il ne rapportera plus un sou d'intérêt, à moins d'être utilisé par le travail ou fécondé par l'industrie. Alors le capitaliste, au lieu de patronner le travailleur, sera patronné, à son tour, par lui. Alors toute loi sur l'usure sera superflue.

L'égalisation solidaire entre le capital et le travail, entre le talent et l'argent, se fera toute seule, mais à une condition. C'est que toute guerre soit à jamais abolie. Et la guerre ne sera jamais abolie, sans l'abolition préalable de la polygamie et de la polyandrie. La guerre n'est pas un mal *sui generis*, elle n'est que l'effet du vice. Elle est la vermine matérielle d'une malpropreté morale. C'est ce qui a fait dire à presque tous les hommes de génie, que le bonheur et la liberté d'un peuple reposent sur sa vertu. Car le vice, produisant d'abord forcément le despotisme et l'anarchie, est seul le générateur spontané de toute guerre civile et étrangère.

*Dans une société pareille il faudrait être un
triple fou pour songer à se révolter et à ne pas
faire son devoir.*

Quels sont les avantages des forts, des puissants et des riches sur les faibles, les malheureux et les pauvres? Ils n'ont pas plus de femmes
qu'eux, et leurs enfants ne s'instruisent pas
mieux, s'ils ne sont pas mieux doués par le Créateur qui, sous ce rapport, ne fait pas de différence
entre le pauvre et le riche. Ils ne sont pas
exempts des devoirs nationaux, sous aucun prétexte. Ils serviront dans l'armée comme le pauvre, sans pouvoir s'exonérer et pour le même
nombre d'années. Leur promotion dépendra,
comme celle du pauvre, des aptitudes au travail.

L'enfance, la vieillesse et la maladie du pauvre
sont aussi bien soignées, peut-être mieux que
celles du riche, ayant moins de soucis et moins
de médecins, et plus de mouvement.

Que reste-t-il donc au fort et au riche en priviléges? Il peut faire plus de bien, soit par sa
fortune, soit par son génie.

C'est là l'idéal de l'humanité. L'atteindra-t-elle?
Il suffit qu'elle ait la liberté d'y aspirer. Après
tout, il vaut mieux être malheureux et libre
qu'heureux et illibre.

L'humanité est libre d'être malheureuse. Mais
qu'elle se garde d'accuser Dieu, et de lui attribuer
ses malheurs. Dieu lui a donné assez de raison
pour créer son bonheur et pour comble de géné-
rosité, Dieu a toujours créé des hommes qui lui

ont montré et tracé la voie du devoir et du bonheur. Ce sont ses élus. Ils ne sont pas pour cela plus heureux que leurs semblables. Ils ne font que leur devoir. Dieu les créé exprès pour que les hommes tombés dans le malheur, par l'aveuglement et les passions, ne puissent pas lui dire : « Nous ne le savions pas. Si nous avons marché dans la voie de la perdition et des ténèbres, c'est que nous n'avons jamais eu de guides éclairés pour nous montrer la voie des lumières et des béatitudes de la vérité. » A ces doléances Dieu, par l'histoire, répond : « Ces hommes ne vous ont jamais manqué. Il y en a toujours eu qui, plein de mes rayons lumineux, les ont répandus, souvent au risque de leur vie. Mais loin de les suivre, vous les avez précédés, vous les avez étouffés. Au lieu de les mettre sur des hauteurs pour être mieux vus, vous les avez poussés dans les bas-fonds pour les aveugler, les anéantir. Donc, vos malheurs ne sont que des châtiments et plus vous crierez, moins je vous écouterai. Il faut que justice soit faite ! »

Et justice est toujours faite !

XIV

Et maintenant nous pouvons revenir à la question subséquente que nous avons laissée loin derrière nous. Savoir : si le progrès acquis par le passé peut se perdre en partie ou totalement. C'est, ce me semble, une question résolue. Comme toute la civilisation, ce qu'on appelle progrès dépend exclusivement de l'usage que les nations font de leur liberté du bien et du mal. Il est évident, et l'histoire en fait foi à chaque page, que l'œuvre du bien seule fait marcher le progrès et que l'œuvre du mal le fait reculer. Le devoir forcé des animaux et des astres ne suffit pas pour le retenir, car le bien que font les animaux dépend lui-même du bien que les hommes leur font. Et quant aux éléments, ils sont tout à fait du ressort de l'homme. L'astrologie a long-temps prétendu que les éclispes et les météores annoncent de grands événements désastreux. Les astrologues ont pris l'effet pour la cause. Il est vrai, et l'histoire vient encore à l'appui, que des météores insolites, en dehors des calculs et de la science de l'homme, précèdent des événements de malheur. Mais ces perturbations des éléments elles-mêmes sont déjà les effets des crimes et des défaillances des hommes. Elles sont une preuve fulgurante de l'étroite solidarité de tous les êtres du globe, n'importe le climat,.la langue et la religion ! Non-seulement le progrès acquis par le bien peut être réduit à néant par le mal, mais encore le recul d'une nation de mal, par la loi de la solidarité, arrête la marche civilisatrice ou neutralise celle d'une nation de bien.

Pourtant cela ne serait possible que si l'humanité ignorante, plongée dans les ténèbres, n'eût jamais connu la vérité et sa voie lumineuse. Cela a été probablement le cas avant le déluge. Mais depuis que la vérité s'est manifestée par la raison divine de quelques mortels de génie, on peut espérer que le mal n'étendra plus son pouvoir jusqu'à bouleverser les astres et les éléments, au point de rendre le globe inhabitable. La vérité une fois connue et énoncée clairement peut bien être voilée, éclipsée même, mais elle ne saurait plus être anéantie. Comme la lumière du ciel, ses rayons lumineux pénétreront partout et perceront les ténèbres les plus épaisses. Cette vérité rayonnante aura toujours ses ombres qui prolongeront plus ou moins leurs lignes noires dans les clartés éclipsées, mais elles ne couvriront plus jamais entièrement l'âme humaine, elles ne rejetteront plus jamais l'humanité dans la nuit du fanatisme et de la barbarie des castes et des priviléges. Le verbe de la vérité et de la solidarité égalitaire une fois articulé, soit qu'il ait été annoncé au milieu des

tonnerres sinaïques ou qu'il soit révélé modeste-
ment dans les rues d'Athènes, de Rome et de
Paris, fût-il dédaigné par ceux-là même auxquels
il est adressé, ne se laissera vaincre ni par le
glaive, ni par l'erreur idolâtrique ou athée, ni
par aucune force humaine.

Depuis que le Créateur, par la raison de Moïse,
de Socrate, de Platon et de tant d'autres hommes
de génie, a dit : *je serai qui je suis*, son verbe
égalitaire et humanitaire rayonnera toujours sur
le monde et ses éléments. Des nations malfai-
santes et corruptrices peuvent tomber et disparaître, l'humanité et son verbe ne disparaîtront
plus !

DEUXIÈME PARTIE

I

J'ai procédé avec mon lecteur comme mon premier professeur d'hébreu. Il m'a d'abord appris la Bible hébraïque, en me la traduisant et m'en faisant répéter le texte par cœur. Puis il m'a dit : « Maintenant que tu sais l'hébreu pratique, tu es libre d'en apprendre la théorie qui ne sera plus pour toi qu'un jeu. » J'ai initié mon lecteur aux lois de la philosophie et de la théologie. Je vais maintenant lui exposer la grammaire de ces lois. Et ce ne sera plus pour lui qu'un jeu, mais un jeu logique, dont il tirera toutes les conclusions avec une certitude mathématique.

La philosophie ou plutôt la métaphysique roule, depuis l'existence du monde, sur quelques questions fondamentales, qui se présentent et se sont toujours présentées sous différentes dénominations et souvent seulement sous différents

mots. Pour ceux qui ne se paient pas de phrases
et de syllogismes, dont quelques-uns ne brillent
que par l'obscurité, il n'y a au fond que deux
principes philosophiques, différents en apparence l'un de l'autre, et qui parfois ont été réunis par des esprits synthétiques. Y a-t-il ou
n'y a-t-il pas une cause finale, en d'autres
termes, une cause qui est en même temps effet?
Le monde a-t-il été créé par une force extérieure,
qu'on appelle *transcendante*, ou bien la création
s'est-elle faite d'elle seule, par une force intérieure qu'on appelle *immanente*, non détachée de
la nature elle-même? Les philosophes qui ont
écrit en latin, tracent cette différence par les
mots *natura naturans* et *natura naturata?*

La théologie a commencé par la proclamation
d'un Créateur, ayant créé le monde d'après sa
volonté et veillant sur son œuvre comme l'horloger sur son horloge, l'avançant quand elle re-
tarde, la retardant quand elle avance et la faisant marcher de nouveau quand elle s'arrête.
Cette théologie, logique dans son erreur, car l'erreur a sa logique forcée comme la vérité, a inventé le miracle et le pardon, c'est-à-dire un
Créateur qui défait à volonté les lois qu'il a faites,
ou les suspend d'après sa toute-puissance. Inutile de répéter la réfutation absolue de cette erreur, réfutation que le lecteur a lue dans la première partie de cet opuscule.

Longtemps avant nous, cette erreur a été mise
en morceaux par de grands génies. A vrai dire,
la philosophie ancienne et moderne ne s'est oc-

cupée que de prouver, par les lois de la nature et la science empirique, l'impossibilité de ce système qui se réduit à créer Dieu à l'image d'un homme et d'un homme affreux, d'un despote arbitraire et capricieux.

A côté de cet extrême d'erreur se trouve l'autre extrême qui le touche, non moins faux et non moins prouvé faux par tous les grands penseurs de l'humanité. On l'appelle communément Matérialisme, ou Athéisme.

D'après ce système, il n'y a pas de *cause-effet*, ou de *cause finale* du tout, en d'autres termes, il n'y a pas de Créateur, ou plutôt *il n'y a pas de loi idéale qui se soit faite elle-même comme prototype de justice et qui se suive toujours sans suspension ni rémission.* La matière qui existe, on ne sait comment, a enfanté, soit successivement, que l'on appelle *évolutions*, soit instantanément, par explosion, toutes les créatures, et continue toujours de les absorber et de les résorber d'après sa loi. D'où vient cette loi? Qui a donné cette force créatrice à la matière? A cela les uns répondent, — on les appelle *Positivistes:* — « Cela » ne nous regarde pas. Comme nous sommes » certains de nous trouver en face d'un problème » insoluble, nous passons outre. Nous ne nous » occupons que d'étudier cette loi et d'en expli- » quer les conséquences pratiques. Quant à la » loi elle-même, qu'elle s'en tire comme elle » pourra ! »

D'autres qui se disent athées, nient toute loi fixe de justice dans la création. La créa-

ture est sortie de la terre et de la matière, soit
par le mouvement, soit par la volonté, soit par
la force. On ne varie que sur ces différents mots.
Il n'y a pas d'autre loi que la loi sociale sur laquelle repose la société et qui se modèle sur les
intérêts de la force qui est en elle. C'est la force
et la force seule qui remplace la loi et la justice.

Ce système a été foudroyé et mis à néant par
tous les esprits logiques du monde penseur. Il
pèche par la base. Si la force créatrice est dans
la matière, c'est alors la matière même qui est à
la fois cause et effet, ou cause finale. D'ailleurs,
la nature ne fait rien au hasard. Elle a en tout
un but final de beauté et d'utilité. Socrate aussi
bien que Janet, un des penseurs français les plus
solides du xixe siècle, ont détruit l'athéisme et le
matérialisme par une logique serrée et irréfragable. Descartes, Leibnitz et Voltaire ont tour à
tour fait la même chose. L'athée ne crée pas un
Dieu, mais une fausse nature à son image. Si la
nature lui ressemblait, le monde se serait écroulé
il y a longtemps ; car le monde physique ne repose pas sur *la force*, mais sur la Loi, sur *la
justesse* des mouvements par l'attraction et la
gravitation. De même le monde moral ne repose
pas sur la force, mais sur la Loi, par *la justice* et *la vertu*, la Vertu étant la Justice volontaire, et la Justice la Vertu obligatoire.

D'aucuns, — on les appelle *Panthéistes*, — ont
imaginé une cause finale *immanente* dans la création, une loi qui crée d'après un plan idéal et
préconçu, mais qui sans se séparer de la créa-

ture, continue toujours la même création et se manifeste par des phénomènes, se distinguant les uns des autres par le temps, l'espace et l'étendue.

Ce système se divise et se subdivise à l'infini. D'après les uns, ce mouvement continuel se fait machinalement sans liberté. Les êtres créés sont ce qu'ils sont fatalement, n'ayant point la liberté d'être autrement qu'ils ne sont. Les uns sont nés vertueux, et il faut qu'ils le soient malgré qu'ils en aient, dussent-ils être les martyrs de leur vertu ; les autres, nés vicieux, n'en peuvent mais, mais vicieux ils sont, vicieux ils mourront, qu'ils meurent de vieillesse ou par la main du bourreau ! Le monde, selon ces penseurs, est *une espèce d'instrument qui se joue soi-même* (je vulgarise leur galimatias qu'ils rendent parfois inintelligible), tantôt en majeur, tantôt en mineur, selon les touches, c'est-à-dire selon les êtres créés qui se meuvent et dont chacun est une note ou une demi-note. Naturellement, d'après ce système, toute responsabilité humaine disparaît. Et si la justice, malgré cela, condamne un criminel, c'est que l'individu, dans la nature, doit toujours être sacrifié, qu'il l'ait mérité ou non, à la masse ou à la société. Cette condamnation, selon ce système, est fatale. Dès sa naissance, cet homme a été créé victime. Il est l'ombre, la nuit de la lumière et du jour ; il est le mal, sans lequel le bien ne pourrait exister ; il est la note mineure nécessaire à l'harmonie majeure.

On le voit, ce système se rapproche par deux

bouts de l'athéisme. En effet, tous les deux nient la liberté. Inutile de leur demander pourquoi la nature a-t-elle donné la liberté à l'homme, si elle ne lui sert à rien, pas même à son malheur? *La nature ne crée absolument rien pour rien.* Tout en elle a un but. Si donc elle a donné à l'homme le libre arbitre, c'est probablement pour qu'il s'en serve.

La liberté est indéniable, puisque l'homme a la liberté de ne pas vivre du tout, de s'ôter la vie et qu'il en use, *ce qu'aucune créature ne fait.*

Nous avons cité l'exemple du pain et du poison. D'après la théologie chrétienne, cette différence est inutile dans la nature, puisque le Créateur peut changer le pain en poison et le poison en pain. D'après l'athée et le panthéiste, l'homme qui prend le poison pour le pain a été primitivement forcé d'être empoisonné; il est lui-même poison ou pain, bon ou mauvais, juste ou injuste. Peu importe à la nature et à la loi créatrice dans la nature qu'il soit l'un ou l'autre; qu'il soit, lui, pain ou qu'un autre soit poison, tout cela se fusionne et se fond dans l'harmonie générale et panthéistique dans une création, en même temps créatrice.

D'après ce système aussi le monde, se créant toujours soi-même, serait éternel. Si le monde n'a pas de commencement il n'a plus non plus de fin. Ce qui se crée soi-même ne se laissera certes pas mourir; seulement, quand on a la force de se créer, on ne ferait pas mal de se créer un peu mieux, surtout moins changeant.

Il y a encore une autre nuance dans cette erreur, car l'erreur est légion comme la maladie, tandis qu'il n'y a qu'une vérité et qu'une santé, basées toutes deux sur la *Loi une et absolue.*

Cette nuance, la voici : La force créatrice immanente dans l'Univers n'a pas toujours été la même ; elle progresse à force de créer et c'est Dieu ou le Créateur qui se perfectionne lui-même par ses créatures. Mais cette force, quand elle a commencé à créer, a-t-elle eu un plan préconçu, ou marche-t-elle au hasard ? En d'autres termes, change-t-elle ses lois, son procédé de créer, ou ne change-t-elle que par ses créatures ?

L'erreur poussée logiquement à la dernière conséquence est toujours ridicule. Dans ce sens, ce serait l'homme par qui Dieu se créerait et se perfectionnerait. C'est le cas de s'écrier avec Isaïe : « Depuis quand le pot fait-il la loi au potier ou la hache au bûcheron ? » D'ailleurs, une force qui a le pouvoir final de se créer successivement, par ses créatures, se dérobe à l'esprit, aussi bien qu'une force autonome qui, dès son existence, ne crée que d'après une loi qu'elle crée elle-même. Quiconque peut se donner des lois *perfectionnantes* peut aussi se donner des lois *perfectionnées.* Ce serait un Créateur bien sot de mettre des centaines de mille ans à sa perfection, quand il aurait pu y arriver d'emblée, et en un seul coup de maître. Et que fera-t-il de la créature, ce Créateur, quand il sera arrivé à la perfection ? Puisque le monde n'a pour but que le perfectionnement du Créateur, il faudrait que ce monde disparût, cette œuvre accomplie! A quoi servira alors cette perfection au Créateur ? Il ressemblerait littéralement à un homme devenu continent parce qu'il est dépouillé de toute passion d'amour par impuissance. Singulière perfection! En outre, si la vertu de l'homme ne sert que pour la perfection de l'*autre* en lui-même, pourquoi l'homme serait-il vertueux ? Il faut qu'il le soit, répond-on. Alors à quoi bon la liberté? Et si le Créateur a créé d'avance les hommes-machines par lesquels il se perfectionne, pourquoi n'a-t-il pas mis cette machine perfectionnante en lui-même, sans le secours de la créature, dont il se débarrassera tôt ou tard ? En d'autres termes, pourquoi ne commence-t-il pas par la fin ? Il ne le peut pas, dit-on. Mais puisqu'il a pu donner la liberté de la mort à l'homme, pouvoir bien plus grand que celui qu'on lui accorde. Par ce pouvoir, en effet, l'homme devient absolument le maître de son Créateur. Il peut se tuer. Le créât-on mille fois, mille fois il peut refuser au Créateur le service qu'il lui demande. Il faudrait absolument que la force créatrice se bornât à la création de l'animal non libre. Belle perfection d'un Dieu, qui s'arrête à un cheval de course ou à un chien qui joue au domino! Encore faut-il un homme pour dresser ces bêtes-là!

Non-sens et absurdité! Absurdité et non-sens!

II

Si les différents systèmes philosophiques n'étaient qu'un jeu abstrait de l'imagination humaine, peu en importerait le plus ou moins de véracité ou plutôt de logicité.

Mais presque toutes les religions des peuples antiques et modernes furent et sont encore basées sur un principe philosophiqne. La religion est toujours une philosophie *vécue.* Et alors *les erreurs* produisent *des horreurs,* car la vérité seule est la mère de la prospérité d'une nation. Un peuple dont la religion repose sur une erreur philosophique, est aussi pratiquement vicieux et par le vice, aussi forcément malheureux qu'un peuple sans aucune religion et par conséquent sans justice et sans morale. L'homme est un amphibie du ciel et de la terre. Je me sers du mot : ciel, pour désigner l'esprit idéal. S'il n'a pas une idée préconçue, un prototype de la *justice en soi,* non-seulement il n'est pas juste, non-seulement il ne sent jamais le besoin d'être juste, mais la justice lui paraît une duperie. L'étude de la philosophie ou de la métaphysique est donc de première nécessité pour l'individu comme pour les

10.

nations. Il n'y a même, à vrai dire, pas d'autre
étude, pas d'autre science que la philosophie.
Toutes les autres sciences n'en sont que des
branches subordonnées. Ni la physique, ni la
chimie, ni la géométrie, ni l'astronomie, ni la
médecine, ni le droit, à moins que ces branches
ne viennent compléter les vérités philosophiques, n'apprennent à l'homme à se guider dans
la vie, à user de sa liberté pour opter entre le
bien et le mal, et par le discernement entre la
vérité et l'erreur à se rendre heureux ou malheureux. La philosophie est aussi indispensable pour
les actions journalières de la vie que pour con-
naître ses devoirs dans les grandes occasions, en
face d'événements extraordinaires. Aussi les
grands législateurs ont ils tous transformé leurs
principes philosophiques en axiomes religieux,
c'est-à-dire en dogmes obligatoires et vulgarisés.
Comme nul mortel ne saurait se mouvoir dans
une société sans philosophie ou sans principe
abstrait, on lui a, pour ainsi dire, haché les
grandes vérités en menus dogmes, qui lui servent de grains de chapelet, comme des guides
muets et toujours présents. Seulement les religions basées sur l'erreur philosophique, au lieu
d'éclairer et d'améliorer l'esprit opaque et épais
du peuple, l'ont enténébré et épaissi, et partant,
au lieu de le conduire par la lumière à l'humanisation, au bonheur et à la paix, elles le condui-
sent à travers les ténèbres, à la guerre, au
malheur et à l'ensauvagement. La civilisation et
le progrès avancent et reculent mathématique-

ment, selon le degré de vérité philosophique qui se trouve dans la religion des peuples antiques et modernes. Partout et de tout temps, la Vérité a conduit les nations à la Vertu, à la Justice, qui sont *une* et par la Justice à la paix, à la prospérité et à la béatitude sociale. Partout et de tout temps l'erreur a conduit les peuples au vice, à l'iniquité, et par le vice et l'iniquité aux guerres intérieures et extérieures, à la misère et à la ruine nationale.

III

Les peuples de l'antiquité qui presque tous ont vécu misérables, au milieu de la tyrannie des uns et de l'esclavage des autres, croyant qu'il y avait dans la nature plusieurs forces inférieures et supérieures, les ont déifiées sous différentes formes. Comme il y avait des héros et des rois conquérants, ayant fait preuve d'une grande force, ils en ont fait des dieux et des demi-dieux, comme plus tard les chrétiens qui ont déifié Jésus pour sa grande douceur et demi-déifié des saints pour leur grand dévouement. Admettant plusieurs forces et par conséquent plusieurs lois, les peuples antiques ont cru que les forces inférieures n'existaient que pour les forces supérieures.

Les minéraux pour les végétaux, les végétaux,

pour les animaux, les animaux pour les humains
et les humains pour les dieux, auxquels ils attribuaient, mais en plus grande force, toutes les passions de l'homme. Aussi croyaient-ils pouvoir
apaiser le courroux des dieux, auxquels ils
attribuaient leurs propres malheurs, par le sang
humain, en leur sacrifiant les enfants les
plus chéris et les plus nobles. Ces peuples, se
regardant comme des esclaves, vis-à-vis des
forces supérieures, ils tenaient également en esclavage tous les hommes vaincus par la force ou
nés plus faibles. Les femmes étaient esclaves en
vertu de leur naissance. *Ces peuples n'ont jamais
eu, ni n'ont jamais pu avoir une idée de l'égalité
des êtres, l'égalité pour eux n'existait que pour
certaines classes dont les forces étaient égales. Ils
ne pouvaient imaginer une société sans esclaves,
ni une société monogame dans laquelle la femme
est l'égale de l'homme.*

Pourtant dès qu'un homme de pouvoir, étant
en même temps un penseur, eut une idée plus
juste des lois de la nature et du Créateur, la civilisation a fait des pas rapides vers un état de
choses meilleures. En Grèce, on voit de grands
poètes, tels qu'Eschyle et Sophocle, lutter contre
les erreurs religieuses. Dès qu'Anaxagore, professeur et ami de Périclès, proclame l'unité des
forces sous une seule loi qu'il appelle : Dieu,
la Grèce se distingue par une civilisation relati-
vement progressive. Mais comme cette philosophie n'entre pas dans le cœur du peuple par un
changement de religion, cette éclaircie ne dure

que quelques années. La Grèce a beau produire
des génies comme Socrate, Platon, Xénophon et
Aristote qui approchent de la vérité, leur doctrine, restant à l'état de théorie et n'entrant pas
dans la vie sociale, par une religion basée sur ces
vérités, la Grèce disparaît par la guerre civile
et étrangère.

Même phénomène à Rome, où règne la même
religion d'erreur et le même esclavage, le tout
mitigé par quelques vérités secondaires. La
vraie grandeur de Rome n'apparaît qu'avec
des hommes de pouvoir, ayant une notion plus
vraie du Créateur et de la nature. La philosophie
grecque avait de nombreux adeptes parmi les
chevaliers et les sénateurs de Rome. Scipion,
Cicéron, Caton, étaient de grands philosophes et
pratiquaient leurs maximes. Mais nul d'eux
n'ayant essayé de changer la religion populaire
pour la baser sur des principes philosophiques,
plus conformes aux lois de la nature et de Dieu,
ils ont passé comme des météores avec de longues queues de rayons disparaissant dans l'obscurité. Les Stoïciens et les Antonins ont commis
la même faute. Ou bien ils n'étaient pas convain-
cus de la véracité absolue de leurs principes
philosophiques, pour les articuler en dogmes
religieux, comme l'ont fait Moïse, les premiers
chrétiens, Mahomed et les protestants, ou ils
n'avaient pas le courage de leur opinion. Il ne
suffit pas de professer un principe, il faut y croire
soi-même. On ne fait rien avec le doute. Un
homme, croyant de bonne foi à une erreur, vain-

cra toujours un homme qui conçoit la vérité, mais qui préfère vivre dans le doute. Le peuple romain, continuant de professer une religion d'erreurs, y ajouta d'autres erreurs plus flagrantes, car comme les nuages du ciel, l'erreur ne reste jamais stationnaire. Ou elle s'amincit ou elle s'épaissit. Les Romains, malgré Scipion, Cicéron, Caton, Virgile, Zénon, Epictète et Marc-Aurèle, continuèrent d'adorer une multitude de dieux plus ou moins forts, en y ajoutant les images de quelques rois, dont les unes ne furent renversées que pour faire place à d'autres. A la fin ils disparurent eux-mêmes logiquement, inévitablement comme nation.

IV

Phénomène tout opposé chez les Juifs. Là, le principe sur lequel repose la religion s'approche de la vérité absolue. Aussi longtemps que les pratiques ou les actions sont conformes au principe, l'histoire de la croissance, du succès et de la prospérité de ce peuple, le moins nombreux entre tous, touche pour le vulgaire au miracle, bien qu'elle ne soit que logique et naturelle. Dès que ce peuple abandonne son principe religieux pour tomber dans l'abjection du despotisme idolâtre, sa prospérité se change en défaites successives et finalement il disparaît comme unité nationale. Mais, chose curieuse bien que logique, le principe reste debout !

Les Juifs datent leur origine du patriarche Abraham qui, chassé de son pays à cause de ses idées monothéistes, traversa le Jourdain et s'établit dans une province cananéenne.

Peu nous importe où Abraham a puisé le principe d'un seul Créateur, centre de toutes les forces. Il est certain que lui, le premier, en substituant, selon la légende, un bélier à son fils, a aboli le sacrifice humain. Le sacrifice humain n'était admissible qu'avec le principe de poly-forces indépendantes les unes des autres et se sacrifiant les unes aux autres.

Avec l'idée d'un seul Dieu, seul Créateur de tous les êtres, apparaît l'idée d'un seul père, aimant également tous ses enfants. C'est l'égalité, sinon devant la loi, du moins devant Dieu. Les patriarches étaient monothéistes, et Isaac déjà était monogame. L'histoire lamentable de Jacob et de ses femmes sert d'exemple à la défense de Moïse d'épouser deux sœurs. Quand les Juifs sont descendus en Egypte, ils étaient soixante-dix en nombre. La Bible les nomme tous. Là ils furent mis en esclavage. Mais il ne paraît pas qu'ils aient quitté le principe monothéiste et que Moïse eût eu besoin de l'inventer. Et quand ils ont quitté l'Egypte, ils nombraient jusqu'à six cent mille âmes. C'est le premier et le seul exemple dans l'histoire d'un peuple esclave, qui brise ses fers au nom de la liberté et de l'égalité, et, depuis la sortie d'Egypte jusqu'à l'année éternellement mémorable de 89, l'histoire ne nous montre pas un second événement de cette grandeur.

Ce que Moïse répète éternellement à Pharaon, « nous allons, nous voulons servir notre Dieu, « prouve que les Juifs étaient toujours monothéistes et que l'égalité sociale était, de tout temps, un des principes fondamentaux de cette peuplade. Moïse a complété ce principe. Au lieu du mot *Schadaï* qui veut dire *la Force, le Puissant*, il a mis le mot *Jéhovah*, qui veut dire l'*Etre étant*, qu'il explique en disant : *Je serai qui je fus*, c'est-à-dire le seul Etre qui ne change jamais, qui ne devient jamais, la seule Loi qui, toujours égale à elle, a tout créé et devant laquelle tous les êtres créés, sans distinction, sont égaux. Toutes les lois de Moïse reposent sur ce principe. L'esclavage n'est plus possible avec un principe religieux pareil, pas plus que la polygamie et la polyandrie. Moïse, le premier, sauvegarde les droits des animaux et de la terre par des lois spéciales. Avec l'égalité surgit, pour la première fois dans toute l'histoire connue, l'honneur et l'obligation du travail. Plus de patriciens exclusivement guerriers! Plus d'ilotes ni de plébéiens travailleurs! Six jours tu travailleras, et le septième jour tout se reposera : l'animal, le serviteur, comme le chef de la maison. Tous les citoyens, sans distinction, sont soldats depuis l'âge de vingt ans jusqu'à soixante ans. Les exceptions citées ne font que confirmer la règle absolue. *Avec l'égalité des devoirs et des droits apparaît, pour la première fois, le pouvoir électif qu'on appelle République.* Avant la République juive, l'histoire humaine n'a pas d'exemple d'un pouvoir national électif. Et ce pouvoir jaillit exclusivement du principe religieux des Juifs. Les quelques lignes sur un Roi, qui se trouvent dans le *Pentateuque*, sont évidemment une interpolation royale. Car Moïse, lui-même, a préféré son disciple Josué à ses propres fils. Les Juifs, pendant quatre siècles, n'ont jamais eu l'idée de se donner un chef héréditaire. On connaît, du reste, le fameux discours de Samuel, un des plus grands hommes issu du principe juif, sur la monarchie et les peuples monarchiques. Il restera, ce discours, comme un modèle éternel de vérité philosophique et politique. L'idolâtrie, en effet, c'est la dépendance du citoyen d'un homme, et l'indépendance d'un Dieu que l'homme crée à son image. C'est le despotisme ! Le déisme, au contraire, est l'indépendance absolue de l'homme, qui n'est plus dépendant que de la Loi divine. C'est la liberté. Les Juifs, en prenant un roi, renièrent par cet acte le principe fondamental de leur religion. Dès ce moment, ressemblant aux autres peuples, ils en pratiquèrent les vices. David et Salomon, malgré leur grandeur personnelle, n'ont pu les sauver d'une ruine complète. Après la mort de Salomon, la nation se scinda en deux petits peuples dont l'un, retournant franchement à l'idolâtrie, avec son art de débauche, son esclavage, sa polygamie et sa polyandrie, disparut entièrement et pour tou-

11

jours, au bout de quelques années, et dont l'autre, retenu au bord de l'abîme par des prophètes, rares disciples de Moïse, ne put résister aux suites désastreuses de sa monarchie, contradiction vivante de sa religion, et finit par être dévoré par l'étranger, cinquante fois plus nombreux.

Pourtant le principe religieux, retenu par quelques élus, se maintint haut et puissant, au milieu de ses vainqueurs, et au bout de soixante-dix ans, — autre exemple unique dans l'histoire, — le vainqueur invita les descendants de ses vaincus à retourner, libres, dans leur patrie.

Moïse leur avait dit et répété plus de dix fois : Aussi longtemps que vous conserverez pur et intact votre principe religieux, seul conforme à la raison, vous, les moins nombreux, vous vaincrez tous vos ennemis, qui, au fond, admireront la grandeur et la sagesse de vos lois d'égalité, de liberté et de fraternité. Du jour, au contraire, où vous renierez ce principe pour retourner aux débauches et aux abjections de l'idolâtrie monarchique, c'en sera fait de vous! Le nombre vous dévorera. Vous disparaîtrez complétement comme nation et, de plus, vous deviendrez la risée de tous les peuples de la terre! » Les prophètes ont répété ces vérités. Mais les Juifs ont mieux aimé avoir des rois, des concubines et des esclaves. Un peuple malheureux ne mérite pas que l'on verse une larme sur lui. Jérémie a beau se lamenter. Mieux que tous ses concitoyens, il savait que tous ces châtiments n'étaient rien, vis-à-vis de leur stupide obstination dans le vice, l'erreur, le mensonge et l'iniquité. Jamais la vérité ne fut vaincue par l'erreur. *Jamais peuple vaincu n'a combattu pour la vérité et au nom de la vérité!* Ceux qui s'en approchaient de loin ont résisté, dix contre cent, avec succès. On n'a qu'à lire l'histoire avec attention. Tels les Grecs contre les Persans. Rome contre Carthage. Les Macchabées contre les rois de Syrie. Et dans les temps modernes, les protestants en Hollande, en Suède, en Angleterre et en Allemagne, contre des forces catholiques cent fois plus nombreuses et mieux pourvues. Il en sera toujours ainsi !

Il en fut de même du second temple. Aussi longtemps que les Juifs restèrent fidèles à leur principe religieux, représenté par la *République*, ils ont résisté victorieusement aux forces supérieures des rois de Syrie. Mais, dès qu'ils ont rétabli la monarchie et défiguré la loi de Moïse, par les superstitions miraculeuses de la Perse, par l'introduction d'une *fête de pardon*, qui date du second temple, fête où l'idolâtrie fit son apparence par un sacrifice de bouc émissaire au Dieu étranger *Assassel*, la nation se scinda en deux partis, Pharisiens et Saducéens, civils et religieux, et dès lors elle fut dévorée par la quantité, par Rome, non sans résistance héroïque. Mais, là encore, le même phénomène comme au premier temple se renouvela. La Judée disparut comme nation, mais son principe religieux de l'unité de Dieu et d'égalité devant lui resta debout et conquit ses conquérants. Nul doute, si le christianisme avait maintenu la pureté de son principe monothéiste, qui, pour le monde païen, était l'égalité par l'affranchissement des esclaves et de la femme, et la liberté par le principe républicain, maintenu par les premières communes chrétiennes, élisant elles-mêmes leurs chefs religieux et politiques sous le nom d'évêques, nul doute que, sans employer le glaive, il n'eût conquis l'univers entier de son verbe, apportant non-seulement l'égalité, mais encore la paix et la prospérité à toutes les nations de la terre. Mais les chrétiens, en adoptant l'empire et l'empereur romain, en s'identifiant avec la monarchie absolue, par cela même renièrent, comme jadis les Juifs, leur principe religieux fondamental. Et comme l'erreur a sa logique absolue, ainsi que la vérité, ils furent forcés de retourner à l'idolâtrie païenne. Au lieu de fonder *un christianisme juif*, ils fondèrent un *christianisme païen*. Jésus fut déifié à la place de Jupiter, et Marie à la place de Vénus.

Toutes les autres erreurs des dogmes catholiques, absolument idolâtres, sont les conséquences forcées de cette erreur capitale. Dès lors, plus de liberté! plus d'égalité! plus de fraternité! L'esclavage devint le servage et le patriciat la noblesse féodale. Jamais Mahomed n'eût pu apparaître sans la paganisation du christianisme, dont le verbe émancipateur seul eût conquis tous les peuples, sans avoir recours à la force. Dès lors aussi, les Juifs, qui formèrent l'avant-poste du nouveau judaïsme christianisé, reculèrent et formèrent des groupes isolés, loin de la nouvelle idolâtrie, mille fois pire et plus néfaste que l'ancienne. Dès lors, plus un jour de paix! Une nuit de plomb longue, pleine de tyrannies, de massacres, de bûchers, de gibets et de cimetières! Un éternel calvaire. *L'histoire n'a pas d'exemple d'une éclipse de raison pareille, éclipse logique, inévitable, suite de l'erreur érigée en reine absolue sur l'humanité.*

V

J'ai dit que le principe d'une force *une* comme cause finale s'approchait de la vérité. Ce principe par la religion est représenté par le monothéisme, mais le monothéisme n'est pas toute la vérité. Il s'en faut. Tel monothéisme, représentant le Créateur comme un despote arbitraire et capricieux, ne faisant des lois que pour les violer, est aussi près de l'erreur et aussi fatal à la société qui le proclame que l'athéisme, le polythéisme ou le positivisme. Le monothéisme comme force créatrice était connu des Chinois et des Indiens. Chez ces derniers, qui ont toujours eu des parias, c'est-à-dire des esclaves, le monothéisme qui, par Boudha, a remplacé le panthéisme, n'a créé ni égalité, ni liberté, ni fraternité. Ne pouvant pas s'expliquer une cause-effet qui crée le mal, ils ont imaginé le bonheur de l'homme dans l'anéantissement de l'être humain qu'ils appellent *nirvanah*. La vie n'ayant pas d'autre but que la mort intégrale, peu importe qu'elle soit heureuse ou malheureuse, libre ou esclave, responsable ou fatale! Les Chinois ont eu une idée plus correcte du monothéisme. Ils admettent la justice comme idéal et le bonheur comme conséquence. Mais leur Dieu étant despote, extérieur à la création et se mouvant capricieusement en dehors d'elle, ils n'ont jamais pénétré les vraies lois sociales qui jaillissent de la vérité absolue de l'être. Ils n'ont jamais admis l'égalité complète des êtres et le pouvoir électif qui en est la conséquence forcée. Dès qu'un peuple n'admet pas la justice absolue comme loi et force créatrice, dès que les injustices terrestres peuvent être attribuées au Créateur, il n'y a plus ni égalité, ni liberté, ni fraternité. Quand un homme est forcé de remettre la justice de Dieu à un autre monde, ou il ne s'intéresse plus du tout à ce monde-ci, vivant contre les lois de la nature, comme stylite ou ermite, ou bien il se permet, lui-même, toutes les injustices, en les proclamant fatales et forcées, à l'image de son Dieu. Tout au plus arrive-t-il au pardon, autre absurdité, contraire à toute logique, à toute raison. Le monothéisme de la Bible, telle qu'elle est parvenue à nous, n'est pas plus conforme à la vérité. La Genèse est remplie de contradictions et d'antinomies. Les miracles relatés par la Bible sont encore plus absurdes. Si Dieu viole les lois de la nature en faveur d'un peuple ou d'un individu, il doit les violer toujours pour tous, ou ce n'est qu'un être illogique qui n'a rien de surhumain. S'il le fait seulement d'après sa volonté arbitraire, alors tout est fatal, la Justice n'est plus qu'un leurre et la Vertu une duperie. Heureusement, dans le même *Pentateuque*, il y a d'autres aspirations et même d'autres énoncés de principes plus conformes à la vérité philosophique. Les lois de Moïse, celles qui, n'étant pas locales, visent l'éternité, sont presque toutes conformes à la vérité absolue.

De nos jours, il s'est formé une école de savants qu'on appelle *Evolutionnistes* et qui ont l'air de nier toute création transcendante. Je dis qu'ils en ont l'air, car au fond leur principe de création successive n'est pas opposé à l'idée d'un Créateur. Admettons que la terre ait la force intrinsèque de ces évolutions successives. Qui lui a donné cette force? Elle-même. Alors, elle est elle-même un effet en même temps cause. Elle est la force créatrice. Car, qui dit force ne dit pas force extérieure, cause séparée de la force intérieure effet. Une force peut agir intrinsèquement et lentement. Le système des Evolutions n'est donc pas positivement contraire à l'idée d'une création, mais il n'en est pas moins contraire à la vérité, à la raison, à la logique et aux lois de la nature, qui sont identiques avec celles de la force créatrice, quel que soit le nom sous lequel on la désigne, qu'on l'appelle l'Absolu, ou Dieu, ou Créateur, ou Jéhovah,

Seigneur ou Eternel, ou bien même qu'on
ne la nomme pas du tout. C'est ce que nous
allons prouver d'une manière irréfragable et
irréfutable!.

VI

Toute vérité est absolue ou elle n'est pas. La
relativité n'existe que dans l'erreur. Deux et deux
font quatre. Il y a des milliards d'autres chiffres,
mais quatre est la vérité absolue pour deux et
deux. Trois angles d'un triangle sont égaux à
deux angles droits. Il y a des milliers d'autres
mesures, mais deux angles droits sont la mesure
absolue pour trois angles d'un triangle. Toute
loi qui n'est pas absolue n'est pas conforme à la
vérité, et tout ce qui est absolu est universel. Il
n'y a pas d'exception pour la vérité S'il y avait
une seule exception, la vérité pourrait être toutes
sortes de choses, mais elle ne serait pas la vérité.
Dieu est ou il n'est pas, et, s'il est, il est la loi
qui n'admet aucune exception et qui se suit toujours elle-même.

La science moderne a prouvé par des expé-
riences irréfragables que toutes les forces de la
nature ne sont que des transformations d'une
seule et unique force. Longtemps avant cette
découverte expérimentale, le génie philosophique
avait dit : Il n'y a qu'une seule force, à la fois

cause et effet, et cette force unique, absolue, est égale à elle-même dans toutes ses parties !

Etre égal à soi-même dans toutes ses parties, posséder une force autonome et autocréatrice, cela présuppose un corps d'une essence simple dont toutes les parties sont égales, sans la moindre composition d'un corps étranger ou d'une force composée.

On peut conclure de là qu'aucun corps matériel, aucun gaz, aucun élément créé *n'est jamais un corps simple égal dans toutes ses parties* et que ce que les chimistes appellent: un corps simple, n'existe réellement pas ! Ils n'ont qu'à soumettre ces prétendus corps simples à un examen minutieux, pour s'assurer que ces corps sont composés et qu'ils contiennent les essences de plusieurs corps créés.

C'est inévitable. C'est aussi logiquement prouvé que le mouvement de la terre par le pendule.

Car, ou il n'y a pas de loi du tout, ou toute loi est absolue, c'est-à-dire égale dans toutes ses parties et se créant elle-même. Car, ou il n'y a pas de loi, ou toute loi est universelle dans toutes les parties de la création, dans toutes les planètes, dût-on en découvrir encore une centaine.

Or, il existe une loi universelle, et la voici : « NULLE FORCE NE PRODUIT UNE AUTRE FORCE ÉGALE A ELLE. »

Si donc la matière est créée, il faut absolument qu'il n'y ait nulle part une matière qui soit un corps simple !

La force simple, égale dans ses parties, peut créer d'elle-même. Mais elle ne saurait créer un corps simple, ATTENDU QUE NULLE FORCE NE PRODUIT UNE FORCE ÉGALE A ELLE. Donc, il n'existe pas de corps simple nulle part, dans aucune planète.

Si une force simple a créé d'elle-même la matière, sous des milliers de formes de corps composés, depuis le grain de sable à l'astre du ciel et depuis le ciron jusqu'à l'homme de génie, il faut qu'elle soit unique et que toutes ses créations, vivant par elle, aient reçu d'elle une certaine ressemblance, une certaine dose d'essence créatrice, que l'on appelle : individualité, mouvement ou vie.

S'il y avait deux forces, comme elles ne peuvent pas être égales, l'une serait inférieure à l'autre.

S'il pouvait y avoir deux forces égales, elles se détruiraient l'une l'autre. Mais cela n'est même pas pensable. Ou il n'y a qu'une seule force, finale, à la fois cause et effet dans toutes ses parties, ou il n'y en a pas du tout. De deux forces l'une est toujours créatrice, l'autre créée. S'il y avait deux forces autonomes, égales dans toutes leurs parties, les forces créées ne seraient pas toutes la même force, seulement transformée de chaleur en mouvements et de mouvements en gaz. Les forces créées, au lieu de se réduire en une force unique, seraient de différentes natures. S'il y avait deux forces dont l'une égale à l'autre serait, pour ainsi dire, la fille de l'autre, la loi qui dit :*nulle force ne produit une force égale à elle,* ne serait pas absolue, et toute loi qui n'est pas absolue n'est plus une loi, par conséquent, n'existerait plus comme telle.

Il n'y a donc qu'une seule force qui suit elle-même sa loi, sans jamais la violer, ni la suspendre.

Il est donc radicalement, mathématiquement impossible que les créatures de l'univers, à nous connues, soient sorties de la terre, ni de la mer, ni du soleil, ni d'aucune planète.

Pour créer un être libre qui a sa volonté comme un homme, il faut avoir au moins le double de la force en libre arbitre et en volonté, *attendu que nulle force ne saurait produire une autre force égale à elle,* ni pour la création d'un être, ni pour le mouvement, ni pour une œuvre d'art. *La terre, n'étant pas un corps libre, ne saurait donc créer successivement ou simultanément ni un cheval, ni un chien, dont les mouvements, au lieu d'être machinalement réglés, sont volontaires et libres,* à plus forte raison un homme. Tous les systèmes matérialistes tombent à plat devant ce seul axiome. Une force qui donne toute sa force, éclate, crève et disparaît, qu'elle soit spirituelle ou matérielle. A vrai dire, *il n'y a pas de force créée exclusivement spirituelle,* attendu qu'il ne peut y avoir un corps simple créé. De là vient qu'il n'y a pas même chez l'homme —l'être le plus près de la force créatrice, par sa force de liberté plus grande que tous les autres êtres à nous connus — qu'il n'y a même pas chez l'homme une

force spirituelle qui ne sorte d'un organe matériel. Sur cette terre, pas plus que dans une autre
planète, il ne peut y avoir une âme sans corps, *un
pur esprit, attendu que nulle force ne produit une
autre force égale à elle* et que la force créatrice,
étant égale à elle, par conséquent sans fin, si
forte qu'elle soit, ne saurait créer une force spirituelle et immortelle égale à elle. Qu'il y ait des
anges, selon l'imagination des poëtes, qu'il y ait
dans une planète quelconque plus éthérée des
êtres supérieurs à l'homme, avec moins de
dépouille charnelle et plus de liberté clair-
voyante, cela se peut imaginer. Mais ces êtres,
créés comme ils sont par la force *une*, sont forcément, logiquement des corps composés d'esprit et de matière et, par conséquent, ils sont
mortels comme toutes les créatures. Le
temps plus long de leur vie ne prouve rien. Ils
vivraient mille ou deux mille ans, mortels ils
sont comme nous et comme nous, corps créés et
composés, ils mourront !

VII

Le lecteur a pu se convaincre que je ne procède dans mon argumentation, ni par hypothèse,
ni par imagination, ni par sentiment, ni par
aucun procédé employé par les philosophes et
les théologiens qui m'ont précédé. J'explique

une loi par une autre loi, une vérité par une autre
vérité. Toutes les lois, toutes les vérités sont solidaires, car elles ne sortent que d'une seule loi,
d'une seule vérité fondamentale. De même, tous
les êtres sont visiblement solidaires, parce qu'ils
sortent tous du même Créateur.

Non-seulement la création des êtres ne peut
en aucune manière être l'œuvre de la matière, ni
d'aucune planète, attendu que nulle force ne
produit une autre force égale à elle, à plus forte
raison une force supérieure à elle ; non-seulement il faut qu'il y ait une force créatrice, possé-
dant au moins le double de la force libre de
l'homme, et s'il y a des êtres supérieurs et plus
libres que l'homme, le double de la force libre
de ces êtres, mais encore il faut que cette force
créante crée toutes les créatures, d'après le même
procédé, d'après sa même et propre loi, en les do-
sant de plus ou de moins d'essence créatrice, mais
en ne donnant à son œuvre la plus choisie que
la moitié de sa force, absolument comme procé-
derait un grand artiste avec ses différentes œuvres, les unes légères, les autres graves, les
unes douées des facultés maîtresses du Créateur,
les autres à peine esquissées, d'aucunes même
négligées, à peine ébauchées.

L'homme créé n'a pas d'autre procédé à
créer lui-même que celui qu'il tient de son
Créateur. Il y a plus. De même que l'artiste,
créant une œuvre pour que, par sa beauté et par
sa perfection, cette œuvre dise le nom et la
gloire de son Créateur, de même la force créa-

trice a créé l'homme, lui et tous les êtres sans exception, pour qu'ils glorifient, par leur beauté physique et leur perfection morale, le nom de leur Créateur!

Admettons un instant que la statue sculptée ait la liberté de marcher et d'agir, et que de gaieté de cœur elle se roule dans la fange et se mutile les membres. Que ferait son maître sculpteur? Il la briserait en morceaux, sauf à en faire une autre !

La justice de la force créatrice ne fait pas autre chose.

Et non-seulement il faut qu'il y ait une force créatrice *transcendante*, planant au-dessus de la création, tout en restant *immanente* en elle, comme l'horloger plane au-dessus et vit en même temps dans son horloge, selon l'image de Voltaire; mais il faut que le procédé de créer soit toujours le même et que la loi ou la force créatrice, égale à elle-même ou, en d'autres termes, cause et effet à la fois, soit toujours la même et ne varie jamais une seconde dans son essence fondamentale! Autrement toute la création vivante s'arrêterait court. Si la force créatrice, ou ce que nous appelons : le Créateur, suspendait sa loi représentée et répétée des millions de fois dans les créatures, ou qu'il la violât seulement une minute, tout l'univers dont l'harmonie admirable n'existe que par et en vertu de cette loi, croulerait et tous les êtres, depuis l'homme jusqu'au grain de sable, disparaîtraient en un tour de main!

Si jamais Dieu avait fait pour les hommes un

miracle, par la violation ou la suspension de sa loi, qui est en même temps la loi de la nature entière, les hommes n'auraient jamais pu en parler les uns aux autres, car ils auraient tous disparu d'un seul coup, sans pouvoir proférer une parole. C'est pourquoi aussi l'étude de la nature et de ses lois est-elle une étude divine. Car les lois de la nature, étant toutes un reflet de la loi créatrice, et toutes n'étant que des phénomènes différents de la même loi créatrice, l'homme par les effets, remonte à la cause première et en voit mieux l'essence. C'est pourquoi aussi les génies déistes seuls admirent les lois de la nature et les chantent, chacun à sa manière, les uns consciemment, les autres inconsciemment. C'est pourquoi la science, loin d'aliéner l'homme de Dieu, l'en rapproche.

Et non-seulement il faut qu'il y ait une force créatrice, en d'autres termes un Dieu-Créateur ; mais en vertu de sa loi, il faut qu'il crée toujours et que la création ne s'arrête pas. Il se peut qu'il se repose, — le repos n'est nullement contraire à sa loi ; — mais l'inertie ou la pure contemplation est absolument contraire à la nature de sa loi. Car comme nulle force ne produit une autre force égale à elle, la force simple, égale à elle-même, ne peut créer que des forces composées et inégales à elles-mêmes, en d'autres mots, la force immortelle et *infinie*, mais non *indéfinie*, ne saurait créer que des forces finies et mortelles. Et de même que toutes les forces créées de la nature sont des transformations, des modes différents

de la même force centrale et créatrice, de même
tous les êtres ne sont que des phénomènes plus
ou moins bien doués, mais solidaires de la force
qui les a créés. Leur mort n'est donc pas une
disparition, mais une transformation naturelle
par la vie qui n'est que chaleur et mouvement.
Qui les transformera? La même force qui les a
créés, *par le temps*, autre phénomène ou transformation, sous la notion d'étendue et d'espace,
créés par la force centrale et autonome. Nul
doute, la création qui est permanente ne s'occupe que de transformations, puisque les forces
créées de la nature ne sont pas autre chose,
puisque cette transformation est visible et permanente dans les êtres créés qui existent dans
l'univers. Mais comment cette transformation a-
t-elle lieu? Sur quelle loi est-elle basée? Quel
en est le but? Voilà des questions subsidiaires
de première importance pour l'homme! Voyons!
Nous sommes dans la voie de la vérité! Tâchons
de pénétrer aussi avant que possible. Essayons
de lever un coin de ce voile mystérieux qu'on
appelle la vie et la mort.

VIII

En observant les planètes, la terre, le soleil,
la lune avec toutes les configurations de l'univers,
l'esprit le moins scientifique est forcé d'admirer

l'harmonie, pour ne pas dire la beauté de la création. A mesure que l'homme pénètre plus avant
dans le cœur des lois, qui président aux mouvements de ces œuvres, à mesure qu'il étudie les
lois de l'attraction, de la gravitation des forces
centrifuges et centripètes ; lois et forces qui
ne sont que des émanations de la force une et
égale à elle, il ne peut s'empêcher d'admirer
la justesse des rapports, en d'autres termes
l'engrenage harmonique des corps célestes et
terrestres, une dissolution de toutes les dissonances apparentes dans des accords mélodieux et
harmonieux. Or, ce qui s'appelle *justesse* pour le
mouvement des corps s'appelle *justice* pour le
mouvement des âmes. Ce qui s'appelle *justesse*
pour les corps matériels, s'appelle *justice* pour
les corps spirituels. L'une est aussi forcée que
l'autre. De même qu'il eût été impossible à
la cause-effet de *suspendre sur rien*, comme dit
poétiquement le prophète, tous ces corps célestes
que nous voyons, sans la *justesse* des rapports,
de même il lui eût été impossible de créer
l'humanité sans *justice*, c'est-à-dire sans engrenage harmonique des esprits et des âmes. Le
monde, tel qu'il est, ne pourrait pas exister une
seconde sans *justesse* et sans *justice*. Et du moment que la justice est obligatoire pour la planète qu'on appelle terre, il faut qu'elle règne
partout. Un Créateur qui ne pourrait être juste
que dans un monde inconnu, ou qui tolèrerait
des injustices sur la terre, pour les réparer
dans une autre planète quelconque, serait un

12.

être contradictoire, inégal à lui-même. Cet être, à force limitée et d'un corps composé, n'aurait jamais pu créer un homme. Car l'homme, être composé d'une liberté limitée, mais toujours libre de ses mouvements, ne peut être créé que par une force deux fois plus libre et plus égale que lui.

Un Créateur, illogique dans un seul de ses mouvements, n'aurait jamais pu créer que des êtres esclaves, sans aucune raison, sans aucune liberté de mouvement. De là vient qu'un Dieu, mot substitué au Créateur ou à la force créatrice, qu'un Dieu injuste n'est même pas pensable. Car un Créateur injuste pour une seule de ses créatures, manquant par conséquent de Justesse et de Justice absolues, n'eût jamais pu créer ni la terre avec ses mouvements harmonieux, ni le soleil avec son double mouvement sur lui-même, ni même la mer avec son flux et reflux. Ou Dieu est juste en tout, partout et pour tous, ou il ne l'est nulle part, pour aucune chose. Or, les êtres et les choses existent. Ils existent en vertu de la Justesse et de la Justice. *Donc, le Créateur est la Justesse et la Justice absolues.* Il le fut et le sera toujours!

Voyons maintenant comment cette justice est répartie entre les êtres.

Pour que les corps se meuvent toujours dans une sphère de Justesse, il faut absolument qu'ils soient privés de liberté. Ils ne peuvent pas posséder la raison lucide de leur liberté, *pour ne jamais se tromper dans leurs mouvements.* Cela est impossible. Attendu qu'une force parfaite ne saurait être une force créée, attendu que la force créatrice seule, égale à elle, ne saurait créer une autre force de cette même égalité. Pour l'harmonie des corps célestes et terrestres, il fallait absolument que les mouvements en fussent mécaniques et illibres ; autrement l'harmonie troublée une minute détruirait l'Univers par un seul effondrement.

Fallait-il faire la même chose pour l'homme ? Fallait-il que la force autonome créât l'homme avec des mouvements mécaniques et illibres ? Elle eût pu le faire, mais alors il n'y aurait pas d'homme proprement dit. Il n'y aurait qu'un corps-machine à deux pieds et à deux mains, sans liberté ni volonté. L'homme aurait-il pu vivre heureux sur la terre ?

L'auteur de la Bible qui a inventé la fable d'Adam et d'Ève, car cela n'a jamais été qu'une fable légendaire, suppose que le monde était un paradis, dans lequel l'homme aurait vécu heureux, au milieu de l'abondance. Il n'a pas ajouté que les enfants seraient venus sous une feuille de choux, mais cela est sous-entendu, puisque l'amour n'eût point existé. Adam, selon cette fable, avait accepté cet esclavage éternel, car il ne serait même pas mort, il n'aurait eu qu'à étendre la main sur l'arbre de la vie; mais Ève a mieux aimé apprendre la science de savoir discerner le mal du bien et *de devenir comme Dieu*, toujours selon l'expression de la Bible, au risque de mourir et d'enfanter beaucoup de rejetons, sous des douleurs poignantes.

Cette fable ne manque pas de portée philosophique.

En créant l'homme libre, la force créatrice lui a donné autant de liberté qu'elle en avait à donner, d'après sa loi. *Mais avec la liberté, il fallait absolument le charger en même temps de responsabilité; en d'autres termes, Dieu, en créant l'homme, l'a chargé lui-même de la justice sociale.* Point de Droits sans Devoirs! Si l'homme veut arriver au parfait bonheur, autant que le bonheur est compatible avec son corps, moitié matière et moitié esprit, il ne peut y arriver que par le bonheur qu'il crée, lui, pour les autres créatures. *Et ce bonheur ne peut être créé que par la Justice. Et cette Justice ne peut être exercée que par l'homme, ou la société humaine elle-même.*

Il n'était pas possible que le Créateur seul se chargeât de réparer les injustices commises par la liberté de l'homme. Dans ce cas, à quoi bon le libre arbitre? Mieux eût valu le créer inférieur et sans liberté aucune! Annihiler les injustices engendrées par la liberté, autant refuser toute liberté à l'homme et le laisser croupir dans un soi-disant paradis sans passion, sans liberté et sans âme.

Du moment que l'homme a été doué d'un *droit* qui s'appelle *liberté*, il a été préalablement chargé du *devoir* qui s'appelle *responsabilité et justice*. En donnant la raison à l'homme avec laquelle il pénètre la loi essence de son Créateur, il lui a dit par la même raison : « Si avec la li- » berté qui te rend, non tout à fait mon égal, mais

» la créature la plus élevée et la plus près de moi,
» tu veux être heureux, sois JUSTE! Rien ne t'est
» plus facile. Vis pour autrui comme pour toi.
» Rends à chaque être ses droits et chaque être,
» en accomplissant ses devoirs, te rendra heureux.
» Pour que la terre te rende heureux, cultive-la!
» La culture est aussi nécessaire à la terre que
» l'instruction à l'homme. Si tu veux que les
» animaux te rendent heureux et t'aident à cul-
» tiver la terre, à te vêtir et à te nourrir, étudie
» leurs besoins, assure-leur tous leurs droits et
» ils te rendront au centuple, par leurs devoirs
» accomplis, tout le bonheur que tu leur as as-
» suré. De même de ton prochain, de ton sem-
» blable! Ne lui fais jamais un mal que tu ne vou-
» drais pas qu'il te fît, ou ce qui est plus conforme
» à la loi, fais-lui tout le bien que tu voudrais
» qu'il te fît, et vous n'aurez ensemble qu'une vie
» d'éternel bonheur. Et ce bonheur sera d'autant
» mieux senti et mieux apprécié, qu'il sera
» l'œuvre de votre liberté et de votre justice. »

Ah! s'écrie-t-on. N'y a-t-il pas d'injustices im-
punies ou des actions de justice non récompen-
sées? N'est-il pas vrai qu'il y ait des justes malheureux et des injustes heureux?

Oui, mille fois oui! Et il faut que cela soit
ainsi. Si le Créateur punissait chaque injustice
le lendemain de la perpétration, à quoi servirait
la liberté de l'homme, à quoi surtout servirait la
justice de l'homme? Dieu, par la raison, dit à
l'homme ou plutôt à la société humaine : « Il ne
» suffit pas d'être juste, il faut que tu t'opposes

» à toute injustice. Le commencement de la jus-
» tice, c'est de ne permettre une injustice nulle
» part, à aucun prix, à aucun être de la création.

» Tu veux que l'homme injuste soit malheu-
» reux, frappe-le! Rends-le malheureux. En te
» donnant la liberté, je me suis départi du rôle
» de juge immédiat. Responsable de ta liberté,
» non-seulement tu dois être juste, mais tu ne
» dois jamais tolérer une injustice, car, en vertu
» de ma loi immuable, toute injustice non vengée
» se venge elle-même, non sur le coupable seu-
» lement, mais sur ceux qui lui ont permis de
» violer la justice. Si le coupable seul était
» frappé, personne ne s'en préoccuperait. Chacun
» se dirait : demain, il sera puni! Lui-même serait
» trois fois plus injuste et accepterait le lende-
» main le fruit de ses méfaits.

» A quoi alors servirait la justice? La justice
» ne te sert, ô mortel! que pour garantir et enno-
» blir ta liberté. »

De là vient qu'une société humaine ne sera
jamais heureuse que par la justice la plus inexorable. Il faut que tout homme qui abuse de sa
liberté, soit puni par la société même. Autrement
les conséquences de cette injustice, que nulle
force ne peut annihiler, s'accumulent, pullulent
et atteignent les justes comme les injustes, car
le juste n'est pas juste quand il tolère une injustice sans protester, au risque même de sa
vie.

Mais les maladies! les animaux sauvages! les
tremblements! Rentrent-ils dans la loi de la

justice? Ces maux visibles sont-ils créés par Dieu comme châtiments?

Cela est impossible! La force créatrice ne pouvait pas créer un être parfait, immortel, ne défaillissant jamais, toujours parce qu'elle ne pouvait créer une force égale à elle. En créant des corps composés, elle a créé des corps contrastants. Nulle lumière sans ombre. Nulle voyelle sans consonne. Nul numéro pair sans numéro impair. Mais elle n'a pas, elle ne pouvait pas créer un autre mal, que celui qui est l'effet forcé de la liberté de l'homme, de ses injustices tolérées et commises. *Tous les maux de la vie, y compris les maladies de la terre et celles des autres corps, sont les résultats de la liberté et des injustices des hommes.*

Nous avons dit que les animaux de bien, ceux qui ont la volonté de leurs mouvements, ne sauraient être créés par la terre, attendu que nulle force ne produit une autre force égale à elle, et que l'animal est plus libre dans ses mouvements que la terre. En effet, tous les animaux qui travaillent ont une volonté. Ils sont moins libres que l'homme, ils n'ont pas la liberté de la mort volontaire, ce qui les rend esclaves de l'homme, mais cela ne les empêche pas d'avoir la volonté du bien. D'aucuns d'entr'eux ne font leur devoir que forcés par des menaces et des coups, quelques-uns même sont si récalcitrants et si malfaisants dans des accès de colère, qu'il faut les tuer, comme de vrais assassins.

Mais les animaux qui ne font jamais le bien

et qui ne servent absolument à rien, sinon à tourmenter l'homme, *ceux-là sont des créations spontanées de la matière, en d'autres termes, ils sont des maux vivants, sortant des vices pourris de l'homme.* Nul n'oserait prétendre que le Créateur a créé les puces, les punaises et les poux exprès pour tourmenter l'homme.

L'homme n'a qu'à tenir sa maison propre, et observer toutes les lois de l'hygiène sur son corps, puces, punaises et poux disparaîtront, ou plutôt n'apparaîtront jamais ni sur le corps ni dans la maison.

Les tigres, les chacals, les serpents sont les poux, les puces et les punaises de la terre mal soignée, c'est-à-dire de la terre marécageuse non drainée, non cultivée, couverte d'épaisses forêts non défrichées et non hantées par l'homme, ou de la terre devenue un désert, par suite de longues guerres et des eaux, qui se sont retirées faute de canalisation, ou faute d'avoir aidé la terre dans son pouvoir de produire. Le désert, qui nous envoie des simouns et des myriades de sauterelles, n'est pas un produit de la nature. Il est lui-même l'effet des injustices, des défaillances et des guerres humaines. Si l'homme creusait des puits dans le désert, s'il canalisait les mers qui l'environnent, et qui probablement ont baigné les oasis qui s'y trouvent, le désert disparaîtrait en moins de cinquante ans. Il faudrait moins d'argent pour ces travaux, que pour fondre des canons et des fusils pour la plus petite nation d'Europe, armée jusqu'aux dents et ne songeant

qu'à faire le plus de mal possible à son voisin
qui la salue dans une autre langue. Le cataclysme de la mer Morte est, à juste titre, attribué
aux crimes et aux iniquités des hommes. Ces
crimes et ces iniquités troublent jusqu'aux éléments et provoquent des tremblements et des
effondrements. Naturellement. L'harmonie de
l'univers repose sur la *justesse* des mouvements
de toutes les planètes, dans leur état sain et
conforme aux lois de la nature. Dès qu'un seul
de ces éléments est troublé, l'effet se fait sentir
partout. De même l'homme, dont tous les membres ne font qu'un seul ensemble, et dont pourtant certains membres, comme le cerveau et le
cœur, dominent et gouvernent les autres, l'homme
ressent dans toute son organisation le moindre
trouble produit dans un ongle d'orteil.

Un peuple où règne l'esclavage, la polygamie
et la polyandrie, est forcément un peuple malade.
La terre qu'il habite, n'étant pas cultivée selon
ses droits et ses besoins, devient forcément
malade et engendre des animaux de mal sans
volonté, des vermines monstrueuses et des
pestes qui sortent de ses pores infects et putres-
cents. Toute maladie se réduit à des animalcules
de mal, qui voyagent dans l'air et infestent des
contrées entières. La mort est vivante. Elle
voyage plus vite qu'une locomotive. Et elle est
aveugle comme toute force sans liberté. La peste,
les fièvres, les choléras sont des animaux de mal,
sortis spontanément de *la pourriture morale,
ayant enfanté la pourriture matérielle*, et qui

13

sortiront toujours de quelque part, aussi longtemps que les humains, au lieu de vivre selon la
loi de la justice, vivront d'injustices et d'iniquités.
Et les humains, avant d'avoir pénétré et reconnu
la loi *une* du Créateur ; loi devant laquelle tous
les êtres sont égaux, ne vivront que d'injustices,
d'inégalités, de guerres et de divisions, et par
cela même, appelleront sur leurs têtes toutes les
calamités produites par les animaux de mal, par
les pestes et les troubles des éléments.

*Et il faut qu'il en soit ainsi ! Nul être ici-bas ne
sera heureux, avant que tous les êtres ne le soient
par la justice.* Toujours en vertu de la solidarité
universelle, solidarité forcée, inévitable, attendu
que tous les êtres, sortis de la même force,
sont liés les uns aux autres par le fil électrique
inhérent à l'essence créatrice, qui se retrouve
dans tous. Toujours cette solidarité, qu'elle
sorte du fin fond des Indes ou des antipodes,
d'un bond sautera d'un bout du monde à l'autre
et saisira à la gorge les prévaricateurs repus, qui
ont cru n'avoir plus rien à faire et pouvoir se
reposer, en s'écriant : « Chacun chez soi, chacun
pour soi ! » Avec la liberté qui distingue l'homme
de tous les êtres et grâce à laquelle il est le roi
de toutes les créatures, il a assumé une responsabilité universelle. *Cette liberté ne lui est main-
tenue que par la justice. Et cette justice, il faut
qu'il l'exerce lui-même.* Sans justice, le mal qui
jaillit de l'iniquité commise et tolérée, saute sur
lui, comme un éclat de foudre et l'enlève comme
un fétu. Telle est la loi !

Ah! s'écrie l'homme, elle est trop chère, cette
liberté! Je n'en veux pas. Elle est trop lourde à
porter! J'aime mieux ne pas être qu'être à ce
prix! Et puisque j'ai la liberté de me tuer, de
m'anéantir, j'aime mieux me tuer, en suivant
l'exemple des adhérents de Boudha, qui prêchent
l'anéantissement individuel sous toutes les faces,
soit par le suicide, soit par une oisive et destruc-
tive contemplation. — Mais, hélas! (Et ici nous
avons parcouru le cycle de nos méditations et
nous finirons par où nous avons commencé.)
hélas! l'homme est libre de s'anéantir. Mais
une fois mort, plus de liberté! Et la force créatrice qui l'a appelé une fois à la vie, peut toujours l'y rappeler et l'y rappellera sans le consulter, et ce rêve d'anéantissement n'est qu'un
rêve, moins qu'un rêve. Il est contraire à la loi
du Créateur et de la créature.

IX

Puisque la cause créatrice est forcément une
cause finale, l'effet créé a forcément un but qu'il
doit remplir. Quel est ce but? Point n'est besoin
de chercher longtemps. Ce but c'est d'être juste,
de créer du bonheur par la justice, de contribuer
au bonheur de tous les êtres, afin d'être heureux
soi-même, selon les lois de la vie humaine. Il est
impossible qu'un être juste puisse déchoir par

la mort. La force autonome étant elle-même la justice, elle ne saurait être injuste une seconde pour aucune de ses créatures, sous peine de disparaître comme un mal, sous peine de n'avoir jamais pu exister.

Mais, je le répète, il ne suffit pas d'être juste, il faut avant tout chercher à exterminer, à retrancher du monde toute cause et tout effet d'injustice et d'iniquité, afin que la loi de la solidarité, au lieu de malheurs, ne nous apporte que des bonheurs ; afin qu'au lieu de la vie, elle ne nous apporte que la mort ! Nous n'avons pas à nous préoccuper de ce que nous deviendrons après la mort, pas plus que de ce que nous fûmes avant la vie. Une fois qu'il est irréfragablement prouvé que toute création se fait au nom de la justice, le juste n'a rien à craindre, même s'il a souffert par la loi de la solidarité, loi inéluctable, car l'harmonie et l'existence des univers reposent sur l'engrenage universel des mouvements de tous les êtres, harmonie impossible sans cette solidarité.

Supposons un grand artiste ayant créé des milliers de chefs-dœuvre en statues, tableaux, gravures, modèles d'architecture, œuvres de poésie et de musique, tous réunis dans une immense galerie. Animons pour un moment ces œuvres d'art et prêtons leur, comme à des êtres vivants, la force de penser et de se mouvoir. Quel but s'assigneraient-ils ? Chacun voudrait plaire le mieux à son maître créateur et chacun serait fier de sa perfection, qui appellerait sur lui l'admiration de toutes ses co-œuvres, de tous ses voisins, n'importe sous quelle forme, ayant chacun les mêmes aspirations.

C'EST ABSOLUMENT LA LE BUT DE L'HOMME !

Il a été créé pour glorifier son Créateur par la justice et la perfection. Le Créateur lui a donné tout ce qu'il faut pour arriver à cette grandeur et à cette splendeur. Il lui a donné la liberté et par la liberté la justice. Et pour arriver à cette glorification, il faut à l'homme l'admiration de ses cocréatures ; admiration qu'il ne gagne que par la même justice et la même perfection.

Et l'homme est d'autant plus grand qu'il est libre de braver les lois de son Créateur, mais à ses risques et périls, sous peine d'appeler sur lui, sur ses semblables et sur tous les êtres qui l'environnent des malheurs inévitables.

Et la société, elle, n'a d'autre but que d'empêcher par des lois l'homme libre d'abuser de sa liberté, d'empêcher qu'il appelle sur elle, par des iniquités commises, toutes les conséquences calamiteuses, qu'aucun pouvoir ne peut détourner d'elle.

Une société, connaissant la loi de Dieu et de la nature, rend l'homme tributaire de cette loi et indépendant des hommes. C'est la liberté, c'est l'égalité, c'est la solidarité !

L'homme n'est soumis qu'à la loi sociale, émanée directement de la loi autonome et son égale sur la terre.

Une société idolâtre ou athée, ou même ignorant la loi absolue qui gouverne la création, rend, au

contraire, l'homme tributaire de l'homme et indé-
pendant de la loi.

Dans une société pareille, il ne règne que le despotisme de l'homme qui, se créant un Dieu à son image, lie et délie, punit et pardonne, au nom de ce Dieu de marbre ou d'or. C'est l'iniquité en haut et l'esclavage en bas ! C'est l'inégalité érigée en principe. Heureusement la solidarité, qu'on la nie ou non, est une loi qui agit toujours. Les maux qu'une société pareille provoque, au bout de vingt ans, frappent les grands comme les petits, les maîtres comme les esclaves, les hommes comme les femmes et jusqu'aux animaux, qui se tournent enragés contre leurs maîtres prévaricateurs, et jusqu'à la terre qui refuse ses fruits, et jusqu'aux éléments qui interviennent par des coups de foudre. C'est à recommencer. L'humanité injuste n'a fait que cela. Elle recommence toujours, mais elle ne recommence que lorsque les injustices commises ont disparu dans leurs propres châtiments, que lorsque les torches sont dévorées par les incendies qu'elles ont allumés, que lorsque les nations, ayant commis ou toléré ces iniquités, sont elles-mêmes noyées dans le sang et dans la fange expiatoires que ces mêmes iniquités ont enfantés, comme la malpropreté enfantant la gale qui la dévore.

Du jour seulement où la vérité absolue sera proclamée et reconnue comme loi universelle ; en d'autres termes, comme *religion universelle*, de ce jour seulement commencera l'âge d'or, l'âge de justice, soit par vertu volontaire, soit par vertu imposée par la loi. De ce jour, la terre, comme l'a dit si poétiquement et si véridiquement le grand Isaïe, sera un Eden. Le mouton paîtra à côté du lion, car il n'y aura plus d'animal malfaisant, les lances seront transformées en soc de charrue, car il n'y aura plus de guerre et *tous les peuples n'auront qu'une foi et qu'une loi : Dieu un, la Loi une, l'Humanité entière une !*

Tout homme porte cet idéal dans son cœur et dans sa raison.

En attendant ce jour, le but de chacun est clairement indiqué dans la loi irréfragable et aussi mathématiquement prouvée qu'un axiome géométrique.

Glorifier la force créatrice absolue, égale à elle, à la fois cause et effet, que nous appelons Créateur ou Dieu, par l'admiration de toutes les co-créatures, en n'employant sa liberté que pour la justice, la mère de tous les bonheurs terrestres! Quiconque seulement s'approchera de cette vérité et combattra pour elle, sera sûr d'être toujours victorieux, comme Josué et Judas Macchabée, comme Cromwell et Washington. Ces quatre héros se sont battus pour l'idée du Dieu-un et la République, forme gouvernementale qui jaillit logiquement du déisme et qui ne se conserve que par cette vérité mère. Gustave Adolphe et le prince d'Orange, vainqueurs également divins, se sont le plus approchés de cette vérité. Tous deux sont issus du système constitutionnel, représentant la République gouvernante au milieu d'une royauté fainéante; système qui est logiquement sorti de la Réforme qui, elle, était un nouvel acheminement vers la vérité absolue. Les autres héros qui se sont battus pour agrandir leur pouvoir et leurs États, parfois pour la vaine gloire des armes, ne sont en réalité que des bourreaux couronnés, pour exécuter d'autres soi-disant héros plus criminels qu'eux, et exécutés tôt ou tard, eux-mêmes, par leurs propres valets.

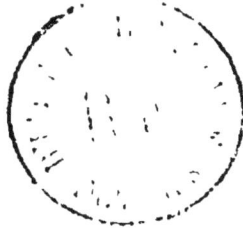

FIN

Paris. — Imp. V. Fillion et Cie, rue des Martyrs, 18 et 18 bis.

www.ingramcontent.com/pod-product-compliance
Lightning Source LLC
Chambersburg PA
CBHW072114090426
42739CB00012B/2971